DR. ASH PACHAURI, PhD

&

DRA. SAROJ PACHAURI, MD, PhD, DPH

ACCIÓN CLIMÁTICA AHORA

Una guía práctica para Construir un Futuro Sustentable Un Paso a la Vez

Primera edición

Traducido por Dra. Norma Patricia Muñoz Sevilla

Contenido

Prefacio

Durante la publicación del Informe de Evaluación AR5 en 2014, el entonces Presidente del Panel Intergubernamental sobre Cambio Climático, Premio Nobel de la Paz, Dr. Rajendra Pachauri, dijo que "nadie en este planeta" quedará inmune a los impactos del cambio climático.

Dijo que el cambio climático reducirá la disponibilidad de agua, provocará la migración de especies, perjudicará el rendimiento de los cultivos y provocará condiciones climáticas extremas más dañinas. La seguridad humana probablemente se verá determinada por el aumento de los desplazamientos y los conflictos, agravados por las tensiones climáticas, y algunos estados de tierras bajas podrían enfrentar una pérdida de su territorio.

El cambio climático es real. Tenemos sólo una pequeña ventana de oportunidad y se está cerrando con bastante rapidez. No hay un momento que perder.

Dr. R. K. Pachauri, ex presidente del IPCC (2002-2015)

LIBRO 1

SERIE CLIMÁTICA

Pequeños Pasos, Gran Impacto
Una guía sencilla para la acción individual y el impacto colectivo para afrontar el cambio climático

Por
Dr. Ash Pachauri y Dra. Saroj Pachauri

Pequeños Pasos, Gran Impacto

E l cambio climático, un desafío urgente y existencial de nuestro tiempo, es un fenómenoglobal que no perdona nadie. Sus consecuencias de largo alcance amenazannuestra existencia, la economía global, la paz y la supervivencia social. En este capítulo, profundizaremos en la ciencia del cambio climático, explorando sus causas, efectos e implicaciones.

Comprender el Cambio Climático

E l cambio climático, un desafío urgente y existencial de nuestro tiempo, es un fenómeno global que no perdona a nadie. Sus consecuencias de largo alcance amenazan nuestra existencia, la economía global, la paz y la supervivencia social. En este capítulo, profundizaremos en la ciencia del cambio climático, explorando sus causas, efectos e implicaciones.

Comprender la ciencia del cambio climático

El cambio climático, que abarca cambios a largo plazo en la temperatura, los patrones de precipitación y otros aspectos del sistema climático de la Tierra, es un fenómeno complejo. Si bien factores naturales como las erupciones volcánicas y las variaciones en la radiación solar han influido en el clima y los patrones meteorológicos a lo largo de la historia, la naturaleza, el ritmo y la magnitud actuales del cambio climático, tal como lo conocemos hoy, están impulsados principalmente por la actividad humana.

La principal causa del cambio climático, influenciada por las actividades del hombre, es la liberación de ciertos gases al aire. Estos gases, como el dióxido de carbono, el metano y el óxido nitroso, atrapan el calor del sol en la atmósfera terrestre, lo que provoca un efecto de calentamiento conocido como efecto invernadero. Si bien algunos de estos gases se producen de forma natural, las actividades humanas, como la quema de combustibles fósiles, la tala de bosques y los procesos industriales, han aumentado significativamente sus niveles en la atmósfera, especialmente desde la Revolución Industrial.

Consecuencias del cambio climático

Los impactos del cambio climático son variados y de amplio alcance, y afectan los ecosistemas de la Tierra, las economías y a las personas en todo el mundo. Ningún rincón del planeta queda al margen de los impactos del cambio climático. Algunas de las consecuencias más notables incluyen:

1. **Aumento de la temperatura:** la temperatura global ha aumentado durante el último siglo, lo que ha provocado olas de calor más frecuentes, extremas e intensas. El calentamiento de la Tierra y por consecuencia el aumento de la temperatura tiene graves implicaciones para la salud humana, la agricultura, los recursos hídricos, la seguridad alimentaria, el desplazamiento de las comunidades y la seguridad humana en general.

2. **Cambios en los patrones climáticos:** el cambio climático ha alterado los patrones de precipitación, lo que ha provocado fenómenos meteorológicos extremos y más frecuentes, incluidas sequías, inundaciones y tormentas. Estos fenómenos meteorológicos extremos causan daños generalizados a la infraestructura, los cultivos y a la agricultura, así como a los ecosistemas.

3. **Calentamiento de la temperatura del océano, derretimiento de los casquetes polares y aumentodel nivel del mar:** el calentamiento del clima provoca un aumento del nivel del mar. Esto representa una amenaza importante para los ecosistemas costeros y las comunidades debido al aumento del riesgo de inundaciones y erosión.

4. **Pérdida de biodiversidad:** en la incesante búsqueda del "progreso" a través de la industrialización y la urbanización, los humanos han destruido el hábitat natural de plantas y animales mediante la deforestación. La pérdida de ecosistemas naturales y hábitat, a su vez, ha provocado cambios y pérdida de flora y fauna, lo que ha provocado la extinción permanente de varias especies.

Esta pérdida de biodiversidad tiene efectos en cascada sobre el equilibrio de los ecosistemas naturales, como la polinización, el control de plagas, la mitigación de enfermedades y la purificación del agua.

Implicaciones para la sociedad

Los impactos del cambio climático no se distribuyen de manera uniforme y las comunidades más vulnerables y marginadas suelen ser las más afectadas por las consecuencias. Las poblaciones vulnerables, incluidos los grupos de bajos ingresos, las comunidades indígenas y las personas que viven en regiones costeras o áridas son las más afectadas y desproporcionadamente afectadas por los desastres y las perturbaciones relacionadas con el clima.

Además, el cambio climático exacerba las desigualdades sociales y económicas existentes, creando nuevos desafíos para el desarrollo sostenible y los esfuerzos de alivio de la pobreza. Abordar el cambio climático requiere no sólo eliminar el carbono de la atmósfera y reducir las emisiones de gases de efecto invernadero para mitigar los impactos del cambio climático, sino también desarrollar resiliencia y capacidad de adaptación dentro de las comunidades para hacer frente a sus impactos.

Conclusión

En conclusión, el cambio climático es un problema complejo y multifacético con implicaciones de gran alcance para el planeta y todos sus habitantes. Comprender la ciencia del cambio climático es esencial para tomar iniciativas inspiradas en el conocimiento que permitan desarrollar estrategias efectivas para mitigar sus impactos y adaptarse a un clima cambiante. En los siguientes capítulos, exploraremos el papel que pueden desempeñar los individuos al tomar medidas concretas en su vida diaria, no sólo para enfrentar el desafío del cambio climático sino también para construir un futuro más sostenible para las generaciones futuras.

En esta coyuntura, es crucial reconocer que, si bien es innegable que el cambio climático presenta una amenaza existencial para todas las formas de vida y la existencia misma de nuestro planeta, existe una estrecha ventana de oportunidad para que actuemos y abordemos sus impactos. Sin embargo, es imperativo reconocer que es esencial actuar con rapidez, ya que esta ventana se está cerrando rápidamente. A pesar de esta urgencia, como individuos, tenemos el poder de inducir el cambio necesario. Si nos informamos sobre nuestro papel en la lucha contra el cambio climático y nos comprometemos a actuar con prontitud, podemos aprovechar esta oportunidad de transformación. La historia ha demostrado que los momentos cruciales que cambiaron el rumbo de la humanidad surgieron de los esfuerzos colectivos de los individuos y la sociedad. Tal como defendió Mahatma Gandhi, tenemos la capacidad de "ser el cambio que queremos ver en el mundo". Lo hemos hecho antes y podemos hacerlo de nuevo. Teniendo en cuenta que nuestras vidas y nuestros medios de subsistencia dependen de ello, ¿qué desafío existencial más importante podría unir a la humanidad e impulsarnos a efectuar cambios?

El poder de la Acción Individual

Ante desafíos globales de enormes proporciones como el cambio climático, es fácil sentirse impotente como individuos. Sin embargo, la historia ha demostrado repetidamente que las acciones individuales pueden conducir a cambios significativos cuando se magnifican y multiplican. En este capítulo, exploraremos el poder de la acción individual para abordar el cambio climático y construir un futuro más sostenible para nuestro planeta y las generaciones futuras.

La importancia de las acciones individuales

Si bien la escala del cambio climático puede parecer abrumadora, es esencial reconocer que cada acción que tomamos individualmente tiene un impacto por pequeño que sea. Ya sea reduciendo nuestra huella de carbono reduciendo el uso de energía, disminuyendo el consumo, cambiando nuestros hábitos de compra, minimizando el desperdicio o abogando por un cambio de políticas, cada individuo tiene el poder de contribuir al esfuerzo colectivopara abordar el cambio climático.

Además, las acciones individuales pueden ser ejemplos poderosos y catalizadores para un cambio más significativo y amplio. Cuando otros ven a sus amigos, familiares y vecinos tomar medidas para reducir su huella de carbono, es más probable que sigan su ejemplo, creando un efecto dominó que puede conducir a la adopción generalizada de prácticas sostenibles.

Estudios de caso de impacto individual

A lo largo de la historia, personas de todos los ámbitos de la vida han desempeñado un papel crítico a la hora de impulsar el progreso hacia los objetivos ambientales. Desde activistas que organizan eventos de limpieza comunitaria hasta científicos e inventores que desarrollan tecnologías innovadoras para combatir el cambio climático, las acciones individuales han sido fundamentales para impulsar el progreso en la agenda de sostenibilidad.

Tomemos, por ejemplo, el Movimiento POP, siglas de Protect Our Planet, una iniciativa climática global impulsada principalmente por jóvenes (obtenga más información en www.thepopmovement.org), que fue cofundada por el fallecido Dr. R.K. Pachauri ((visite www.rkpachauri.org) ex presidente del Panel Intergubernamental sobre Cambio Climático (2002-2015) quien, junto con el ex vicepresidente Al Gore, recibió el Premio Nobel de la Paz en 2007. Este movimiento descrito con más detalle en libros posteriores en esta serie subraya el imperativo de los esfuerzos individuales y colectivos, la innovación y un compromiso firme con la gestión ambiental.

En 129 países, el Movimiento POP ha inspirado a más de dos millones de jóvenes y ha fomentado 431 asociaciones, movilizando a masas para tomar medidas climáticas tangibles. Los jóvenes activistas dentro del Movimiento POP están a la vanguardia, encabezando numerosos proyectos climáticos, esfuerzos de desarrollo de capacidades y campañas educativas en todo el mundo (visite https://thepopmovement.org/projects para más información).

Sin embargo, estos esfuerzos representan sólo una fracción de la respuesta integral necesaria para mitigar el peligro de nuestro planeta. Como lo expresó acertadamente el fallecido Dr. R.K. Pachauri: "Nadie en este planeta quedará ajeno a los impactos del cambio climático". Por lo tanto, el Movimiento POP llama urgentemente a todos los ciudadanos del mundo a unirse, aprovechando el poder de la comunidad, el conocimiento y la diversidad para salvaguardar nuestro planeta para las generaciones futuras.

Superar las barreras psicológicas

Si bien el potencial de la acción individual para marcar una diferencia significativa, es enorme y crítico, como lo atestigua el Movimiento POP y otras iniciativas, muchas personas enfrentan barreras psicológicas que les impiden abordar el cambio climático.

Estas barreras pueden incluir sentimientos de impotencia, ansiedad, negación o apatía, así como preocupaciones sobre la inconveniencia o el costo de adoptar comportamientos sostenibles.

Superar estas barreras requiere un cambio de mentalidad, cambios en el estilo de vida y el comportamiento, y un reconocimiento de la interconexión de las acciones individuales y su impacto colectivo. Al reformular el cambio climático como una oportunidad para un cambio positivo en lugar de un desafío insuperable, las personas pueden empoderarse para tomar medidas significativas e inspirar a otros a hacer lo mismo.

Conclusión

En conclusión, se debe equilibrar el poder de la acción individual al abordar el cambio climático. Al reconocer nuestra capacidad para marcar la diferencia y tomar medidas proactivas para reducir nuestro impacto ambiental, cada uno de nosotros tiene el potencial para contribuir en la construcción de un futuro sostenible. En los siguientes capítulos, exploraremos estrategias prácticas para que las personas tomen medidas sobre el cambio climático en su vida cotidiana.

Reducir la Huella de Carbono

U n enfoque de gran impacto para abordar el cambio climático implica que las personas reduzcan su huella de carbono. Una huella de carbono representa las emisiones colectivas de gases de efecto invernadero generadas directa o indirectamente por una persona, entidad, producto o situación. Este capítulo profundizará en métodos prácticos para que las personas reduzcan su huella de carbono, reduciendo así las emisiones de carbono y el impacto ambiental resultante.

Estrategias prácticas para la eficiencia energética

1.Conservación de energía en el hogar

Mejorar el aislamiento: el aislamiento adecuado de edificios y viviendas puede reducir significativamente las emisiones de carbono y los costos de calefacción y refrigeración al minimizar la pérdida de calor en el invierno y la ganancia de calor en el verano.

Electrodomésticos de bajo consumo: reemplace los electrodomésticos viejos e ineficientes con electrodomésticos con certificación "EFICIENCIA ENERGÉTICA" que usan menos energía y reducen las emisiones de gases de efecto invernadero.

Utilice termostatos programables: los termostatos programables permiten a las personas ajustar automáticamente la temperatura, ahorrando energía cuando están fuera o durmiendo.

Apagar las luces: apagar las luces cuando no sea necesario es una forma sencilla pero eficaz de reducir el consumo de energía.

A continuación, se ofrecen algunos consejos para hacerlo más fácil:

Instale sensores: considere instalar sensores de movimiento u ocupación en habitaciones donde las luces se dejan encendidas con frecuencia. Estos sensores pueden apagar las luces automáticamente cuando no hay nadie en la habitación.

Utilice temporizadores: configure temporizadores para las luces en áreas donde las luces pueden dejarse encendidas cuando no están en uso, como luces exteriores o luces en áreas comunes.

Luz natural: aprovecha al máximo la luz natural durante el día manteniendo abiertas las cortinas y persianas. Esto puede reducir la necesidad de iluminación artificial. Además, organizar el espacio habitable y los muebles para aprovechar al máximo la luz natural durante el día, puede reducir la necesidad de iluminación artificial.

Cambie a bombillas LED: las bombillas LED consumen mucha menos energía que las bombillas incandescentes tradicionales. También duran más, lo que ahorra dinero a largo plazo.

Eduque a los miembros del hogar: anime a todos los miembros de su hogar a tener cuidado de apagar las luces al salir de una habitación. Desarrollar el hábito puede llevar algún tiempo, pero puede contribuir en gran medida al ahorro de energía.

Interruptores designados: designe interruptores específicos para grupos de luces para que sea más fácil apagar varias luces a la vez al salir de una habitación.

Mantenimiento regular: asegúrese de que las lámparas y las bombillas estén en buen estado. Accesorios limpios y bombillas sin polvo pueden distribuir la luz de manera más efectiva, reduciendo la necesidad de iluminación adicional.

Desconecte los dispositivos no utilizados: desconecte o desenchufe los dispositivos y contactos que no estén actualmente en uso para minimizar el consumo y el uso innecesario de energía.

Al implementar estas simples prácticas, las personas pueden contribuir a reducir el consumo de energía y las facturas de electricidad.

2. Fuentes de energía renovables

Instale paneles solares: generar electricidad a partir de paneles solares reduce la dependencia de combustibles fósiles y la emisión de gases de efecto invernadero asociada con la producción de electricidad.

Diseño ecológico y arquitectura: las casas y edificios ecológicos se diseñan y construyen de manera sostenible. Un aspecto suele ser la integración de fuentes de energía renovables en el diseño e infraestructura.

Así es como los edificios ecológicos pueden aprovechar la energía renovable:

1. **Energía solar:** como se mencionó anteriormente, la instalación de paneles solares en tejados o fachadas de edificios es una de las formas más comunes para que los edificios ecológicos aprovechen la energía renovable. Los sistemas solares fotovoltaicos (PV) convierten la luz solar en electricidad, proporcionando una fuente de energía limpia y sostenible.

2. **Energía eólica:** en algunos lugares, las turbinas eólicas se pueden integrar en el diseño de edificios ecológicos para aprovechar la energía

eólica. Sin embargo, esto es más común en edificios comerciales o industriales con amplio espacio para la instalación de turbinas.

3. **Energía geotérmica:** los edificios ecológicos pueden utilizar bombas de calor geotérmicas para aprovechar las temperaturas subterráneas estables de la Tierra para calefacción y refrigeración. Los sistemas geotérmicos son muy eficientes y pueden reducir significativamente el consumo de energía y la huella de carbono de una casa o edificio.

4. **Energía de biomasa:** la energía de biomasa, derivada de materiales orgánicos como madera, residuos agrícolas o desechos orgánicos, se puede utilizar para calefacción o generación de electricidad en edificios ecológicos. Se pueden instalar calderas de biomasa o digestores de biogás para aprovechar esta fuente de energía renovable.

5. **Energía hidroeléctrica:** aunque es menos común en edificios individuales, la energía hidroeléctrica se puede utilizar en lugares específicos con acceso a agua corriente. Los sistemas micro hidráulicos pueden generar electricidad para uso in situ o devolver el exceso de energía a la red.

6. **Calor y energía combinados (CHP):** también conocidos como cogeneración, los sistemas CHP generan simultáneamente electricidad y calor a partir de una única fuente de combustible, como gas natural o biomasa. Los edificios ecológicos pueden incorporar sistemas de cogeneración para maximizar la eficiencia energética y reducir la dependencia de la electricidad suministrada por la red.

7. **Estrategias de diseño pasivo:** además de los sistemas activos de energía renovable, los edificios ecológicos pueden emplear estrategias de diseño pasivo para optimizar la eficiencia energética. Estos incluyen orientación para maximizar la luz y la ventilación natural, aislamiento de alto rendimiento y masa térmica para regular la temperatura interior.

Al aprovechar fuentes de energía renovables, los edificios ecológicos reducen su impacto ambiental y a menudo logran ahorros de costos a largo plazo mediante menores costos de energía y una mayor resiliencia a las fluctuaciones de los precios de la energía.

3. Opciones de transporte

Elija modos de transporte sostenibles: para reducir la dependencia de vehículos propulsados por combustibles fósiles, camine, ande en bicicleta, comparta el automóvil o utilice el transporte público siempre que sea posible.

Conduzca vehículos de bajo consumo de combustible: al comprar un automóvil nuevo, elija una opción de bajo consumo de combustible con bajas emisiones o considere la posibilidad de hacer la transición a un vehículo eléctrico o híbrido.

4. Rechazar, Reducir, Reutilizar, Reciclar

Si bien reducir, reutilizar y reciclar son eficaces para reducir la huella ambiental de un individuo, considerar los desafíos asociados con el reciclaje, particularmente en el caso del plástico, es aconsejable dar prioridad a rechazar, reducir, y reutilizar. Por ejemplo, optar por no utilizar popotes de plástico de un solo uso, es una acción individual eficaz.

Minimizar la Generación de Residuos: reducir el consumo de producto de un solo uso y optar por alternativas reutilizables siempre que sea posible.

Reciclar Responsablemente: reciclar adecuadamente papel, vidrio, plástico, y materiales metálicos para conservar recursos y reducir las emisiones de gases de efecto invernadero asociadas con los vertederos y la incineración.

La gestión adecuada de los residuos es crucial para promover la sostenibilidad de varias maneras, como se describe a continuación:

1. **Conservación de recursos:** gestión eficaz de residuos facilita la recuperación y el reciclaje de recursos, como metales, papel y plástico.
2. **Impacto ambiental reducido:** la gestión adecuada de residuos minimiza la contaminación y la degradación ambiental controlando la

liberación de sustancias nocivas al aire, agua y suelo. Esto ayuda a proteger los ecosistemas y preservar la biodiversidad.

3. **Recuperación de Energía:** algunas prácticas de gestión de residuos, como instalaciones de valorización de residuos y digestión anaeróbica, puede convertir los desechos orgánicos en fuentes de energía renovables, contribuyendo a la transición hacia una economía baja en carbono y reduciendo la dependencia de los combustibles fósiles.

4. **Mitigar el cambio climático:** la gestión de residuos puede reducir significativamente las emisiones de gases de efecto invernadero al desviar los desechos orgánicos de los vertederos y utilizar tecnologías de captura de metano, mitigando así los impactos del cambio climático.

5. **Promoción de una economía circular:** los sistemas de gestión de residuos que priorizan el reciclaje, el compostaje y la reutilización de productos contribuyen a los principios de una economía circular al mantenerlos materiales en uso durante el mayor tiempo posible, minimizar la generación de residuos y fomentar la eficiencia de los recursos.

6. **Contribuir a la salud y el bienestar de la comunidad:** las prácticas adecuadas de gestión de residuos mejoran la salud pública al reducir la exposición a materiales peligrosos y prevenir la propagación de enfermedades asociadas con los residuos eliminados incorrectamente.

Las estrategias eficaces de gestión de residuos son esenciales para lograr objetivos de sostenibilidad mediante la conservación de recursos, la protección del medio ambiente, la mitigación del cambio climático y la mejora del bienestar de la comunidad.

5. Elecciones dietéticas y emisiones de carbono

Reducir el consumo de carne: la ganadería, en particular la de vacuno y de cordero, es una fuente importante de emisiones de metano y requiere grandes cantidades de recursos de tierra y agua. Elegir una dieta basada en plantas o vegetariana o reducir el consumo de carne puede reducir significativamente la huella de carbono de un individuo.

Elija productos del mar de origen sostenible: la sobrepesca y las prácticas pesqueras insostenibles contribuyen a la destrucción del hábitat y a la pérdida de biodiversidad. Elija opciones de productos del mar de origen sostenible certificadas por organizaciones como Marine Stewardship Council (MSC) o Seafood Watch.

Apoye la agricultura local y orgánica: elegir productos orgánicos y cultivados localmente reduce las emisiones de carbono del transporte, la refrigeración, los fertilizantes sintéticos y los pesticidas.

Minimizar el desperdicio de alimentos: aproximadamente un tercio de todos los alimentos producidos a nivel mundial se desperdicia, lo que contribuye a las emisiones de gases de efecto invernadero en los vertederos. Minimice el desperdicio de alimentos planificando las comidas, almacenándolos adecuadamente y convirtiendo en abono los desechos orgánicos.

Al implementar estas estrategias, las personas pueden reducir significativamente su huella de carbono y contribuir al esfuerzo colectivo para combatir el cambio climático. Además, reducir el consumo de energía y hacer la transición a fuentes de energía renovables puede generar ahorros de costos, mejorar la calidad del aire y crear un futuro más sostenible para las generaciones futuras.

Conclusión

En conclusión, reducir la huella de carbono individual es esencial para mitigar los impactos del cambio climático y hacer la transición hacia una sociedad más sostenible. Las personas pueden desempeñar un papel vital a la hora de abordar el cambio climático adoptando prácticas energéticamente eficientes y haciendo la transición a fuentes de energías renovables, tomar decisiones conscientes sobre el transporte y los hábitos de consumo, y alterar las dietas. En los siguientes capítulos, exploraremos formas en que las personas pueden tomar medidas para promover la sostenibilidad y la preservación del medio ambiente.

Consumo Sostenible

L as elecciones de los consumidores tienen un impacto significativo en el medio ambiente, desde los productos que compran hasta la forma en que se gestionan y eliminan los residuos. El consumo sostenible implica tomar decisiones que minimicen el impacto ambiental, conserven los recursos y promuevan la equidad social. Este capítulo explorará cómo las personas pueden adoptar comportamientos de consumo sostenible para reducir su huella ecológica y contribuir a un planeta más sostenible.

Comprender el impacto ambiental

Antes de tomar decisiones de compra y consumo, es esencial comprender el impacto ambiental de la elección individual de productos y servicios. Esto incluye considerar la extracción de recursos, los procesos de fabricación, el transporte, la fase de uso y la eliminación de productos al final de su vida útil. Las personas pueden minimizar su contribución a la contaminación, al agotamiento de los recursos y a la destrucción del hábitat eligiendo productos con menor huella ambiental.

Principios del consumo sostenible

1.Reducir el consumo

Practique el minimalismo: simplifique su estilo de vida ordenando y concentrándose en las experiencias y no en la posesión material.

Evite la compra impulsiva: considere si es necesaria y se alinea con sus valores y objetivos de sostenibilidad antes de comprar un artículo.

2.Elija productos sostenibles

Busque etiquetas y certificaciones ecológicas: elija productos certificados por organizaciones acreditadas como Comercio Justo. Elija productos orgánicos de origen local para asegurarse de que cumplan con los estándares ambientales y sociales.

Considere el ciclo de vida del producto: elija productos duraderos, reparables y reciclables para minimizar el desperdicio y el consumo de recursos.

3.Apoye las marcas sostenibles

Prácticas de sostenibilidad de las empresas de investigación: apoyar a las marcas que priorizan la gestión ambiental, las prácticas laborales éticas y la transparencia en sus cadenas de suministro.

Considere el impacto social: elija productos de empresas que apoyen salarios justos, derechos de los trabajadores e iniciativas de desarrollo comunitario.

4. Reducir el desperdicio

Practica las 4R: rechazar, reducir, reutilizar, reciclar. Minimizar la generación de residuos rechazando algunos productos y eligiendo otros con un embalaje mínimo, reutilizando artículos siempre que sea posible y reciclando materiales que no se puedan evitar.

Compostaje de residuos orgánicos: el compostaje de restos de comida y desechos de jardín reduce las emisiones de metano de los vertederos y produce suelo rico en nutrientes para la jardinería.

5. Promover la economía circular

Elija productos con principios de diseño circular: respalde productos y empresas que adopten principios de economía circular, como el diseño de productos para que sean duraderos, reparables y reciclables.

Participe en plataformas de uso compartido y alquiler: reduzca el consumo de recursos compartiendo o alquilando artículos como herramientas, ropa y productos electrónicos en lugar de comprar otros nuevos.

Al adoptar principios de consumo sostenible, las personas pueden reducir su huella ecológica, conservar los recursos naturales y promover una economía más equitativa y sostenible. A través de decisiones informadas y hábitos de consumo responsable, las personas pueden contribuir a un futuro mejor tanto para las personas como para el planeta.

Conclusión

En conclusión, el consumo sostenible es esencial para abordar desafíos ambientales como el cambio climático, el agotamiento de los recursos y la contaminación. Al adoptar los principios de rechazar, reducir, reutilizar y reciclar y apoyar marcas y productos sustentables, las personas pueden minimizar su impacto ambiental y contribuir a la transición hacia una sociedad más sustentable. En los siguientes capítulos, exploraremos formas en que las personas pueden tomar medidas para promover la sostenibilidad en su vida diaria y en sus comunidades.

Defensa y Compromiso Comunitario

S i bien las acciones individuales son esenciales, se necesitan esfuerzos colectivos para abordar cuestiones sistémicas como el cambio climático. La promoción y la participación comunitaria son cruciales para impulsar el cambio de políticas, movilizar recursos y fomentar la colaboración para abordar los desafíos ambientales. En este capítulo, exploraremos estrategias para que las personas se conviertan en defensores de la acción climática y se comprometan con sus comunidades para promover la sostenibilidad.

Comprender la promoción

La promoción implica defender una causa, crear conciencia sobre los problemas e influir en los responsables de la toma de decisiones políticas para que tomen medidas. La promoción del clima abarca diversas actividades, desde la organización de raíz y la extensión comunitaria, hasta el cabildeo con los formuladores de políticas públicas y la participación en el discurso público. Al participar en la promoción, las personas pueden magnificar la acción comunitaria y amplificar sus voces sobre cómo lograr cambios a nivel local, nacional y global.

Estrategias para la promoción del clima

1.Educarse

Manténgase informado sobre la ciencia climática, los desarrollos de políticas y las oportunidades de promoción a través de fuentes acreditadas y confiables, como revistas científicas, medios de noticias precisos y organizaciones ambientales.

Educar a otros a través de conversaciones, publicaciones, presentaciones y redes sociales, sobre los impactos del cambio climático y la urgencia de tomar medidas.

2. Interactuar con los responsables de la formulación de políticas

Comuníquese con funcionarios electos: escriba cartas, correos electrónicos o llame por teléfono a sus representantes instándolos a apoyar políticas que aborden el cambio climático como: incentivos a las energías renovables, fijar precios al carbono y objetivos de reducción de emisiones.

Asista a reuniones y audiencias públicas: participe en foros públicos para expresar sus preocupaciones sobre el cambio climático y abogar por soluciones políticas.

3. Moviliza a tu comunidad

Organice eventos y talleres: organice eventos educativos, proyección de películas, diálogos y talleres para crear conciencia sobre el cambio climático, y empoderar a otros para que tomen medidas.

Construya coaliciones: colabore con organizaciones locales, empresas y grupos comunitarios para coordinar acciones colectivas sobre cuestiones climáticas y amplificar su impacto. Exigir acciones urgentes a los funcionarios electos y seleccione solo representantes que apoyen políticas amigables con el clima.

4. Apoyar la justicia climática

Centrar Equidad y Justicia: abogar por políticas climáticas que prioricen las necesidades de las comunidades marginadas y aborden los impactos desproporcionados del cambio climático, en las poblaciones más vulnerables que son las que menos han contribuido al problema del cambio climático.

Amplificar diversas voces: elevar las voces de las comunidades y los pueblos indígenas directamente afectados por el cambio climático, y en la primera línea de la injusticia ambiental.

5. Utilice la influencia individual

Utilice plataformas individuales: como persona influyente, líder empresarial, inversionista, consumidor u organizador comunitario, aproveche su influencia para crear conciencia sobre el cambio climático y promover prácticas sostenibles. Promueva la demanda de productos, servicios y cadenas de suministro sostenibles. Apoye las empresas verdes y limpias. Vote por los funcionarios que apoyen las prácticas sostenibles y la acción ambiental.

Apoye la desinversión: abogue por la desinversión de combustibles fósiles y la inversión en energía renovable e iniciativas sostenibles dentro de su lugar de trabajo, comunidad, hogar o escuela. Las personas pueden impulsar cambios significativos y contribuir a los esfuerzos colectivos para abordar el cambio climático y promover la sostenibilidad participando en la promoción y la participación comunitaria. Las personas pueden construir un futuro más resiliente y equitativo para todos mediante la colaboración, la educación y la acción.

Conclusión

En conclusión, la promoción y la participación comunitaria son esenciales para abordar el cambio climático y fomentar el desarrollo sostenible. Abogar por cambios de políticas, movilizar recursos y empoderar a las comunidades puede ser crucial para impulsar un cambio sistémico y construir un futuro más sostenible.

En los siguientes capítulos, exploraremos formas en que las personas pueden tomar medidas para promover la gestión ambiental y crear cambios positivos en sus comunidades.

Invertir en el Futuro

I nvertir en sostenibilidad no se trata sólo de proteger el medio ambiente, sino también de garantizar un futuro más próspero y equitativo para las generaciones futuras. Este capítulo explorará cómo las personas pueden alinear sus decisiones financieras con sus valores invirtiendo en empresas e iniciativas que promuevan la acción ambiental, la responsabilidad social y la sostenibilidad a largo plazo.

Comprender la inversión sostenible

La inversión sostenible, también conocida como inversión socialmente responsable o inversión ambiental, social y de gobernanza (ESG), implica considerar factores ambientales, sociales y de gobernanza junto con los rendimientos financieros al tomar decisiones de inversión. Al invertir en empresas con sólidas prácticas ESG, las personas pueden apoyar a las empresas que le dan prioridad a la sostenibilidad y a las prácticas comerciales responsables.

Estrategias para la inversión sostenible

1. Investigar opciones de inversión sostenible

Explore los fondos ESG: invierta en fondos mutuos, fondos cotizados en la bolsa (ETF) o fondos indexados que integren criterios ESG en sus estrategias de inversión.

Considere la inversiónde impacto: dirija sus inversiones hacia proyectos y empresas que generen resultados sociales y ambientales positivos, como energía renovable, tecnología limpia o agricultura sostenible.

2. Desinvertir en combustibles fósiles

Evite inversiones en empresas de combustibles fósiles: desinvierta en empresas involucradas en la extracción, producción o distribución de combustibles fósiles, como carbón, petróleo y gas natural.

Apoyar la energía renovable: invertir en empresas que desarrollen e implementen tecnologías de energía renovable, como la solar, la eólica y la hidroeléctrica.

3. Interactuar con las empresas

Vote sus acciones: ejercite sus derechos de voto como accionista para respaldar resoluciones que promuevan la sostenibilidad, la transparencia y la responsabilidad dentro de las empresas.

Participar en el activismo de los accionistas: abogar por políticas y prácticas corporativas que se alineen con los objetivos de sostenibilidad mediante la colaboración con la dirección de la empresa, así como participar en las asambleas de accionistas.

4. Considere el valor a largo plazo

Evaluar riesgos y oportunidades: evaluar empresas en función de su desempeño en materia de sostenibilidad a largo plazo, incluidos la acción ambiental, el impacto social y las prácticas de gobernanza.

Mire más allá de los retornos financieros inmediatos: considere que su inversión tenga un mayor potencial e impacto social y ambiental para generar cambios positivos a largo plazo.

5. Apoyar iniciativas de finanzas sostenibles

Invierta en bonos verdes: compre bonos para financiar proyectos ambientales, como infraestructura para energía renovable, modernización de eficiencia energética o iniciativas de transporte sostenible.

Explore la inversión comunitaria: apoye iniciativas de desarrollo comunitario, proyectos de vivienda asequible y pequeñas empresas, a través de instituciones financieras de desarrollo comunitario o plataformas de inversión de impacto.

Al incorporar la sostenibilidad en las decisiones de inversión, las personas pueden alcanzar objetivos financieros y contribuir a resultados sociales y ambientales positivos. A través de la inversión consciente, los individuos tienen el poder de dirigir el capital hacia negocios e iniciativas que priorizan la sostenibilidad y crean valor para la sociedad.

Conclusión

En conclusión, invertir en sostenibilidad es una forma poderosa para que las personas alineen sus recursos financieros con sus valores y contribuyan a un cambio social y ambiental positivo. Al integrar factores ambientales, sociales y de gobernanza en las decisiones de inversión, las personas pueden apoyar a las empresas que priorizan la sostenibilidad e impulsan cambios positivos. En los siguientes capítulos, exploraremos formas en que las personas pueden tomar medidas para promover la sostenibilidad y crear un futuro más resiliente para todos.

Educación y Concientización

L a educación y la sensibilización son cruciales para promover la acción climática y apoyar la sostenibilidad. Al aumentar la alfabetización ambiental, crear conciencia sobre los impactos de las actividades humanas en el planeta y empoderar a las personas para que adopten medidas climáticas inspiradas en el conocimiento, podemos crear una sociedad más informada, motivada y comprometida. En este capítulo, exploraremos la importancia de la educación y la concientización en el contexto de la acción climática y brindaremos estrategias para promover la alfabetización ambiental en las escuelas, los lugares de trabajo y las comunidades.

La importancia de la educación ambiental

La educación ambiental proporciona a las personas el conocimiento, las habilidades y las actitudes para comprender y abordar cuestiones ambientales complejas como el cambio climático. Al integrar temas ecológicos en los planes de estudio de educación formal y en las experiencias de aprendizaje informal, podemos dotar a las generaciones futuras con las herramientas necesarias para ser ciudadanos responsables del planeta y quienes ejercerán prácticas sostenibles, independientemente de su campo de especialización o trabajo.

Estrategias para promover la educación ambiental

1.Integrar temas ambientales en los planes de estudios educativos

Incorporar la ciencia del cambio climático y las actividades de sostenibilidad en los planes de estudio en todos los niveles escolares, desde la educación primaria hasta la superior, y en diversas materias, incluida la ciencia, los estudios sociales y la educación cívica.

Proporcionar experiencias de aprendizaje prácticas,como educación al aire libre, excursiones y proyectos ambientales para involucrar a los estudiantes en problemas y soluciones ambientales del mundo real.

2.Formación docente y desarrollo profesional

Ofrecer formación y recursos a los educadores para mejorar sus conocimientos y habilidades docentes en educación ambiental y sostenibilidad.

Brindar oportunidades para que los educadores colaboren, compartan mejores prácticas y desarrollen materiales curriculares interdisciplinarios que integren temas ambientales en los planes de cursos existentes.

3. Promover la alfabetización ambiental en el lugar de trabajo

Ofrecer capacitación en concientización ambiental y talleres de sustentabilidad a los empleados para aumentar su concientización sobre el impacto ambiental de su labor y promover prácticas sustentables en el lugar de trabajo.

Fomentar la participación de los empleados en iniciativas de sostenibilidad. tales como conservación de energía, hábitos de consumo, reducción de residuos y opciones de transporte ecológico.

4. Alcance y participación de la comunidad

Asociarse con organizaciones locales, sin fines de lucro y agencias gubernamentales para coordinar eventos comunitarios, talleres y programas educativos sobre temas ambientales como el cambio climático, reciclaje y vida sostenible. Ayudar a las comunidades comprender las implicaciones del consumo y producción insostenible, en la salud humana, la economía y la seguridad.

Fomentar la colaboración y la creación de redes entre miembros de la comunidad, empresas y partes interesadas del gobierno para desarrollar soluciones colectivas a los desafíos ambientales.

5. Utilice plataformas digitalesy de medios

Utilizar plataformas digitales, redes sociales, medios y recursos multimedia para difundir información, crear conciencia, defender e involucrar al público en cuestiones ambientales y soluciones.

Cree contenido educativo como videos, podcasts, infografías y cursos en línea para llegar a audiencias diversas e inspirar la acción climática y la sostenibilidad.

Al promover la educación y la sensibilización ambiental, puede empoderar a las personas para que tomen decisiones informadas, adopten comportamientos sustentables, consumir sustentablemente y convertirse en agentes de cambios positivos en sus comunidades y más allá. A través de esfuerzos de colaboración entre sectores, podemos construir una sociedad ambientalmente más alfabetizada y resiliente, capaz de abordar los desafíos del cambio climático y crear un futuro sostenible para todos.

Conclusión

En conclusión, la educación y la sensibilización son pilares esenciales de una acción climática eficaz y de la sostenibilidad ambiental. Al priorizarla educación ecológica en las escuelas, los lugares de trabajo y las comunidades, podemos cultivar una cultura de cambio y empoderar a las personas para que impacten positivamente al planeta. En los capítulos que siguen, exploraremos formas adicionales en que los individuos y las comunidades pueden tomar medidas para promover la alfabetización ambiental y crear un futuro sostenible.

Construyendo Resiliencia

A medida que los impactos del cambio climático se han vuelto cada vez más evidentes, desarrollar la resiliencia se ha convertido en una prioridad crítica para las comunidades de todo el mundo. La resiliencia implica la capacidad de anticipar, prepararse y adaptarse a los desafíos que plantea un clima cambiante mientras se minimiza la vulnerabilidad y se promueve la sostenibilidad. En este capítulo, exploraremos estrategias para desarrollar resiliencia a nivel individual, comunitario y social para mitigar los impactos del cambio climático y fomentar la adaptación.

Comprender la resiliencia climática

La resiliencia climática abarca una variedad de estrategias y enfoques para reducirla vulnerabilidad de las comunidades y los ecosistemas a los peligros relacionados con el clima, como eventos climáticos extremos, aumento del nivel del mar y cambios en los patrones de precipitación. Al desarrollar resiliencia, las comunidades pueden resistir y recuperarse mejor de los impactos del cambio climático y al mismo tiempo promover la sostenibilidad y el bienestar a largo plazo.

Estrategias para desarrollar la resiliencia

1. Evaluación y planificación de riesgos

Realizar evaluaciones de vulnerabilidad: identificar áreas y poblaciones con mayor riesgo de sufrir los impactos del cambio climático, como comunidades costeras, áreas bajas y regiones propensas a sequías o incendios forestales.

Desarrollar planes de adaptación al clima: colaborar con comunidades y partes interesadas para desarrollar planes de adaptación integrales que prioricen acciones para reducir la vulnerabilidad, mejorar la resiliencia y promover el desarrollo sostenible.

2. Infraestructura y Diseño

Invertir en infraestructura resiliente: mejorar y modernizar infraestructura crítica, como redes de transporte, sistemas de agua y aguas residuales y redes de energía para resistir los peligros relacionados con el clima, incluidas olas de calor extremas, incendios forestales e inundaciones.

Incorporar infraestructura verde: integrar soluciones basadas en la naturaleza, como techos verdes, pavimentos permeables y humedales restaurados para gestionar las aguas pluviales, reducir las inundaciones y mejorar la biodiversidad.

3. Participación y empoderamiento de la comunidad

Fomentar la resiliencia de la comunidad: colaborar con los miembros de la comunidad para identificar las prioridades locales, fortalezas y vulnerabilidades, y empoderarlos para que participen en los esfuerzos de construcción de resiliencia y se apropien de sus acciones dirigiéndolas.

Apoyar la cohesión social: fortalecer las redes sociales, las conexiones comunitarias y las redes de ayuda mutua para mejorar la resiliencia y promover la acción colectiva en respuesta a los impactos climáticos.

Involucrar a las comunidades locales en la elaboración y ejecución de soluciones de base y garantizar que las iniciativas se adapten y sean adoptadas por las comunidades a las que sirven. Este enfoque empodera a las comunidades para que se apropien de las soluciones locales, fortaleciendo así su capacidad para una acción sostenida. Como dice el refrán: "Dale un pescado a un hombre y lo alimentarás durante un día. Enséñale a pescar a un hombre y lo alimentarás toda la vida".

4. Restauración y Conservación de Ecosistemas

Proteger y restaurar ecosistemas naturales: preservar y restaurar bosques, humedales y hábitats costeros para mejorar su resiliencia al cambio climático, secuestrar carbono y proporcionar servicios ecosistémicos como protección contra inundaciones y purificación del agua.

Promover la conservación de la biodiversidad: proteger los puntos críticos de biodiversidad y las especies en peligro de extinción para mantener la resiliencia y adaptabilidad de los ecosistemas frente al cambio climático.

5. Gobernanza y políticas adaptativas

Implementar estructuras de gobernanza adaptables: establecer procesos de toma de decisiones flexibles e inclusivos que respondan eficazmente a las condiciones climáticas cambiantes, a las voces de la comunidad y a las necesidades comunitarias en evolución.

Integrar la resiliencia climática en las políticas y la planificación: para minimizar el riesgo de desastres climáticos y promover la sostenibilidad, incorporar consideraciones de resiliencia climática en la planificación del uso de la tierra, las regulaciones de zonificación, los códigos de construcción y la inversión en infraestructura.

Al implementar estas estrategias, las comunidades pueden mejorar su resiliencia al cambio climático, reducir la vulnerabilidad y promover la sostenibilidad y el bienestar a largo plazo. Desarrollar resiliencia requiere colaboración, innovación y un compromiso para abordar las causas fundamentales de la vulnerabilidad y al mismo tiempo adaptarse a los desafíos que plantea un clima cambiante a lo largo del tiempo.

Conclusión

En conclusión, desarrollar la resiliencia es esencial para abordar los impactos del cambio climático y promover el desarrollo sostenible. Al invertir en evaluación de riesgos, mejoras de infraestructura, participación comunitaria, conservación de ecosistemas y gobernanza adaptativa, las comunidades pueden mejorar su capacidad para resistir y recuperarse de los peligros relacionados con el clima.

El siguiente capítulo explorará las formas en que las acciones de los individuos pueden impactar a las comunidades globales.

El Poder de la Acción Colectiva

Ahora es evidente que las acciones individuales son factibles cruciales para abordar el urgente tema del cambio climático. Además, el efecto acumulativo de cada acción, junto con su potencial para inspirar cambios, promete impulsar un movimiento generalizado de acción colectiva. Este esfuerzo colectivo es esencial para enfrentar los desafíos sistémicos del cambio climático. El poder de la acción colectiva reside en la capacidad de los individuos, las comunidades, las organizaciones y los gobiernos de unirse para abordar problemas compartidos y crear cambios positivos. Este capítulo explorará la importancia de la acción acumulativa y colectiva para abordar el cambio climático, resaltará iniciativas y movimientos exitosos y discutirá cómo las acciones individuales pueden contribuir al logro de esfuerzos colectivos para un futuro más sostenible.

La interconexión de la acción colectiva

El cambio climático es un desafío global que requiere una acción coordinada en todos los niveles de la sociedad. Al trabajar juntos, los individuos, las comunidades, las empresas y los gobiernos pueden aprovechar sus recursos, experiencia e influencia para implementar soluciones más efectivas, equitativas y sostenibles que los esfuerzos individuales por sí solos. La acción colectiva también fomenta la solidaridad, construye capital social y genera impulso para el cambio al demostrar el poder de la colaboración y la cooperación.

Ejemplos de acción colectiva

1. Movimientos climáticos globales

Guiado por jóvenes líderes, el Movimiento POP ha movilizado a millones de personas en todo el mundo para combatir el cambio climático. A través de la coordinación de eventos educativos, iniciativas de promoción y la implementación de soluciones tecnológicas, los jóvenes dentro del Movimiento POP están enfrentando la crisis climática enfocándose en soluciones locales adaptadas y dirigidas por las propias comunidades.

Además, abogan activamente ante los gobiernos y corporaciones globales para que se promulguen cambios políticos sustanciales.

2. Proyectos comunitarios de energía renovable

Los proyectos de energía renovable liderados por la comunidad, como cooperativas solares y parques eólicos, han empoderado a las comunidades locales para tomar el control de su futuro energético y hacer la transición a fuentes de energía limpias y renovables. Al aunar recursos y experiencia, las comunidades pueden reducir los costos de energía, crear empleos locales y reducir las emisiones de gases de efecto invernadero.

3. Campañas de desinversión

Las campañas de desinversión han instado a instituciones como universidades, fondos de pensiones y organizaciones religiosas a desinvertir en inversiones en combustibles fósiles y reinvertir en energía limpia e iniciativas sostenibles. Al dirigirse a la industria financiera, las campañas de desinversión han ayudado a desviar capital de los combustibles fósiles hacia las energías renovables, al tiempo que han creado conciencia sobre los riesgos económicos de invertir en combustibles fósiles.

4. Acuerdos y tratados internacionales

Los acuerdos internacionales como el Acuerdo de París proporcionan un marco para que los países colaboren para mitigar las emisiones de gases de efecto invernadero, adaptarse a los impactos del cambio climático y apoyar a los países en desarrollo en sus esfuerzos por hacer la transición a economías bajas en carbono. Los acuerdos internacionales desempeñan un papel crucial al momento de abordar el cambio climático a nivel mundial y fomentar la cooperación y la colaboración entre las naciones.

Contribuyendo a la acción colectiva

Si bien la acción colectiva a menudo requiere coordinación y colaboración entre diversas partes interesadas, los individuos también pueden ser cruciales para impulsar el cambio a través de sus acciones, promoción y compromiso. Al participar en iniciativas comunitarias, apoyar movimientos de base, votar por líderes conscientes del clima y abogar por cambios de políticas, las personas pueden contribuir a los esfuerzos colectivos para abordar el cambio climático y crear un futuro más sostenible para todos.

Conclusión

En conclusión, el poder de la acción colectiva es esencial para abordar los desafíos complejos e interconectados que plantea el cambio climático. Al trabajar juntos, los individuos, las comunidades, las organizaciones y los gobiernos pueden aprovechar sus recursos, experiencia e influencia colectiva para implementar políticas más efectivas, soluciones equitativas y sostenibles que los esfuerzos individuales por sí solos. En la siguiente sección, exploraremos formas adicionales en que las personas pueden contribuir a la acción colectiva y crear cambios positivos en sus comunidades y en todo el mundo.

Aceptando el Desafío

El camino a seguir

Abordar el cambio climático requiere un esfuerzo concertado de todos los sectores de la sociedad, desde individuos y comunidades hasta gobiernos y empresas. A lo largo de esta guía, hemos explorado una variedad de estrategias y acciones que las personas pueden tomar para lograr un impacto significativo en el cambio climático y promover la sostenibilidad en su vida diaria y en sus comunidades.

Desde reducir las emisiones de carbono y adoptar hábitos de consumo sostenible hasta abogar por cambios de políticas y participar en acciones colectivas, existen innumerables maneras en que las personas pueden contribuir a la lucha contra el cambio climático. Al actuar, crear conciencia e inspirar a otros a unirse a la causa, las personas pueden convertirse en agentes de cambio positivo y ayudar a construir un futuro más sostenible para las generaciones futuras.

Sin embargo, abordar el cambio climático también requiere un cambio sistémico y una acción colectiva a escala global. Cuando las acciones individuales son necesarias, deben complementarse con cambios de políticas, inversiones en energías limpias e infraestructura y cooperación internacional para mitigar eficazmente los impactos del cambio climático y promover la resiliencia frente a sus efectos y consecuencias.

A medida que avanzamos, es crucial mantener nuestro enfoque en la acción climática, amplificar las voces de las comunidades marginadas y colaborar para construir un mundo más justo, equitativo y sostenible para todos. A través de esfuerzos individuales, podemos aprovechar el impacto significativo de la acción colectiva, aprovechando el impulso de los movimientos de base y las iniciativas globales para abordar los desafíos del cambio climático y forjar un futuro mejor para nosotros y las generaciones futuras. Juntas, nuestras acciones pueden generar cambios.

¡El tiempo para la acción es ahora; la urgencia es primordial!

Si este libro le resultó útil, le agradecería que dejara una reseña favorable en Amazon.

Referencias

- Anderson, L., & Anderson, L. (2023, December 28). *Revealing the top Tree-Planting nation.* Riveal. https://riveal.pt/revealing-the-top-treeplanting-nation/
- *Answers to: Remote sensing is a example of an ICT application for climate change observation.* (2023, May 3). Class Ace. https://www.classace.io/answers/remote-sensing-is-a-example-of-an-ict-application-for-climate-change-observation
- Charlotte. (2023, May 30). *Book Review: The more or less Definitive Guide to Self-Care.* The Roundtable. https://goroundtable.com/blog/book-review-the-more-or-less-definite-guide-to-self-care/
- *Dr. R.K. Pachauri.* (n.d.). https://www.rkpachauri.org/
- González, B. (2021, November 9). Data management and a custom educational model - key factors in post-COVID university education. *UOC.* https://www.uoc.edu/en/news/2021/304-post-COVID-university
- *Goodwall: the app for Gen Z to level up their skills.* (n.d.). Goodwall. https://www.goodwall.io/posts/climate-change-refers-to-longterm-ffa0f3e6
- Khadka, C., Upadhyaya, A., Edwards-Jonášová, M., Dhungana, N., Baral, S., & Cudlin, P. (2022). Differential Impact Analysis for Climate Change Adaptation: A Case Study from Nepal. *Sustainability, 14*(16), 9825. https://doi.org/10.3390/su14169825
- *Mozambicans rebuild after deadly Cyclone Freddy - Mozambique.* (2023,

August 16). Relief Web. https://reliefweb.int/report/mozambique/moz
ambicans-rebuild-after-deadly-cyclone-freddy

- Pawar, M. (2023, June 15). *Unlocking entrepreneurial success: The power of setting clear expectations - Mohit Pawar.com*. Mohit Pawar.com. https://m ohitpawar.com/set-clear-expectations/
- *Sadam jutt's writes*. (2023, July 29). https://www.sadamwrites.com/searc h?updated-max=2023-07-29T09:27:00-07:00&max-results=5
- Sayings, F. Q. &. (n.d.). *Top 15 Pachauri Quotes & Sayings*. https://quotes sayings.net/topics/pachauri/
- Schulz, K. B. (2015). Information flooding. *Indiana Law Review, 48*(3), 755. https://doi.org/10.18060/4806.0011
- *Sunak to announce £15bn green savings bonds*. (2021, June 30). Good With Money. https://good-with-money.com/2021/06/30/sunak-to-announ ce-15bn-green-savings-bonds/
- The POP Movement. (2024, April 29). *Home - the POP Movement - Protect our Planet (POP), Youth inspired by knowledge*. https://thepopmovement.o rg/
- *The world counts*. (n.d.). https://www.theworldcounts.com/challenges/p eople-and-poverty/hunger-and-obesity/food-waste-statistics
- *Yash Sinha | Vocal*. (n.d.). Vocal. https://vocal.media/authors/yash-sinha

LIBRO 2

Serie Climática

Simples Pasos hacia la Sustentabilidad
Libro de trabajo y Guía para la Acción climática Individual

Por

Dr. Ash Pachauri y Dra. Saroj Pachauri

Simples Pasos hacia la Sostenibilidad: Libro de Trabajo y Guía para la Acción Climática Individual

Este libro de trabajo está diseñado para ayudar a las personas a tomar medidas prácticas para abordar el cambio climático y promover la sostenibilidad en su vida diaria y en sus comunidades. Cada capítulo corresponde a un tema clave explorado en el principal libro, **"Pequeños pasos, gran impacto: Una guía sencilla para la acción individual y el impacto colectivo para afrontar el cambio climático"**. Utilice este libro de trabajo para darle seguimiento a su progreso, fijar objetivos, y reflexionar en su camino hacia un impacto positivo en el medio ambiente

Introducción

Este libro de trabajo está diseñado para ayudar a las personas a tomar medidas prácticas para abordar el cambio climático y promover la sostenibilidad en su vida diaria y en sus comunidades. Cada capítulo corresponde a un tema clave explorado en el principal libro, "Pequeños pasos, gran impacto: Una guía sencilla para la acción individual y el impacto colectivo para afrontar el cambio climático". Utilice este libro de trabajo para darle seguimiento a su progreso, fijar objetivos, y reflexionar en su camino hacia un impacto positivo en el medio ambiente.

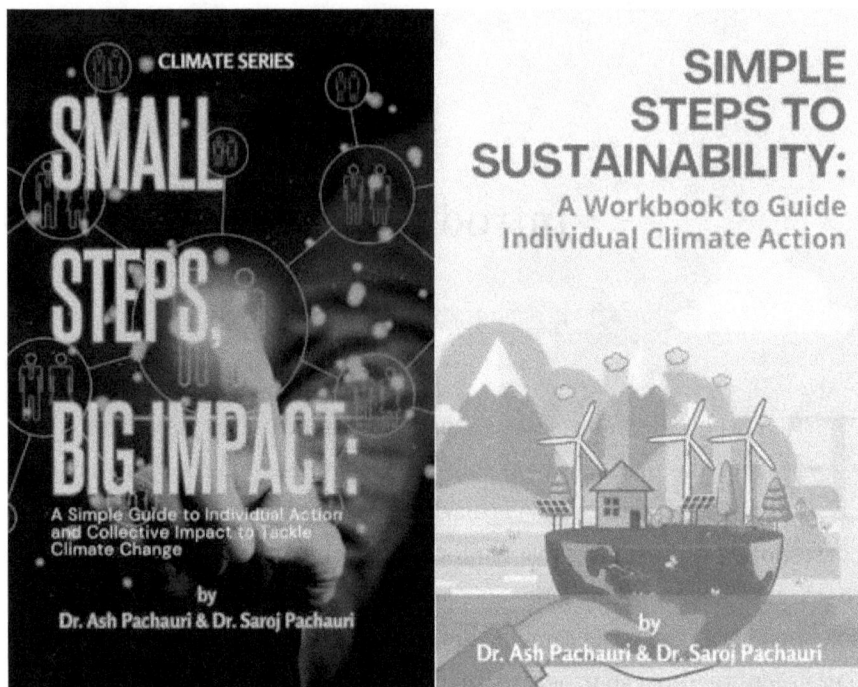

Hacer pequeños cambios en su rutina diaria para crear un gran impacto en el clima

Características Clave

Ejercicios interactivos: Participe en actividades que inviten a la reflexión eso le ayudará a comprender la ciencia del cambio climático, calcular su huella de carbono y establecer objetivos realistas para reducir su impacto ambiental.

Estrategias prácticas: Descubrir pequeños pasos que le permitan mejorar la eficiencia energética, adoptar hábitos de consumo sostenible y tomar decisiones sobre su alimentación, respetuosos con el medio ambiente.

Participación de la comunidad: Aprenda cómo abogar por la acción climática, organizar eventos comunitarios, y participar en esfuerzos colectivos para crear un mundo más sustentable.

Personal y comunidad resiliencia: Desarrollar planes para desarrollar resiliencia contra los impactos climáticos, para usted y su comunidad, asegurando la sostenibilidad y la preparación a largo plazo.

Reflexión y establecimiento de objetivos: reflexione sobre su camino, siga su progreso, y establezca metas alcanzables que se alineen con su compromiso por la acción ambiental.

¿Para Quién es este Libro de Trabajo?

Este libro de trabajo es ideal para todos los ciudadanos responsables de nuestro planeta que quieran tomar medidas contra el cambio climático. Ya sea estudiante, educador, líder comunitario, activista o ciudadano preocupado, este libro de trabajo ofrece ideas y recursos valiosos para ayudar a marcar una diferencia positiva.

¿Qué Ganarás?

- Una mejor comprensión del cambio climático y su impacto global y local.
- Herramientas prácticas para reducir la huella de carbono y promover la sustentabilidad en su vida diaria.
- Estrategias para participar en acciones efectivas de defensa y comunitarias.
- Mejorar la resiliencia a los desafíos relacionados con el clima, asegurando un futuro sostenible para usted y su comunidad.
- El sentido de empoderamiento y motivación para continuar con su camino para la acción climática.

Unirse al Movimiento

Al utilizar "Pasos sencillos hacia la sostenibilidad: un libro de trabajo y guía para la acción climática individual", está dando un paso crucial hacia la construcción de un futuro más sostenible y resiliente para usted y su comunidad. Juntos, nosotros podemos impactar significativamente la crisis climática. ¡Tomemos acción para construir un mundo mejor para nosotros mismos y para las futuras generaciones!

Comprendiendo el Cambio Climático

A ctividad 1: investigar y reflexionar

1. Investigar la ciencia básica del cambio climático

Resumir, con sus propias palabras lo que aprendió.

- ¿Cuáles son las causas primarias del cambio climático?
- ¿Cuáles son los impactos significativos del cambio climático en el medio ambiente, la biodiversidad y los ecosistemas?
- ¿Cuáles son los impactos del cambio climático que ha experimentado? ¿Cómo le hacen sentir (ansioso, enojado, impotente)? ¿Qué puede hacer para abordar los impactos del cambio climático cuando los experimenta?

Reflexión

Escriba una corta reflexión de cómo la comprensión de la ciencia del cambio climático ha influenciado su perspectiva sobre el tema.

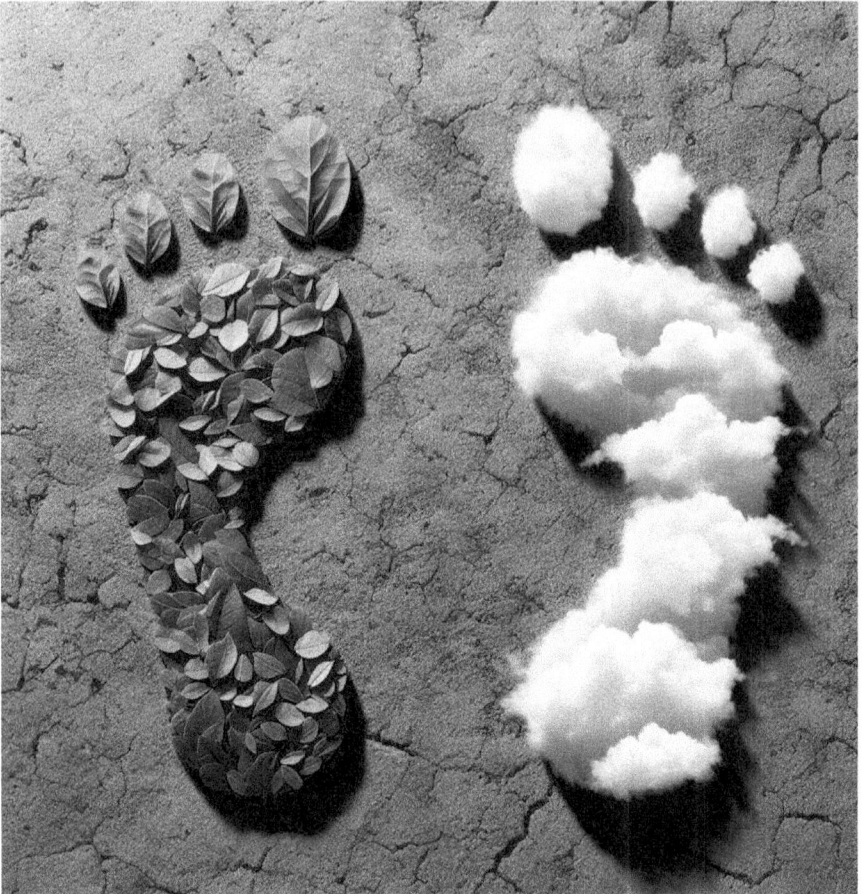

¿Qué pasos puede tomar para reducir su huella de carbono?

Actividad 2: Cálculo de la huella de carbono personal

1. Usar en línea una calculadora para estimar su huella de carbono.

- ¿Cuáles son las fuentes primarias de sus emisiones de carbono?
- ¿Qué le sorprendió acerca de su huella de carbono?

Reflexión

Identificar tres áreas dónde pueda reducir su huella de carbono. Enliste las acciones específicas que podría tomar en estas áreas.

Eficiencia Energética

Actividad 1: Auditoría energética en el hogar

1.Realice una auditoría energética básica de su hogar.

Identifique áreas dónde pueda lograr una mayor eficiencia energética (e.g. aislamiento, encendido, accesorios).

Cree una lista de acciones que pueda implementar para el ahorro de energía.

Reflexión

¿Qué cambios puede hacer para reducir el consumo de energía en su hogar? ¿Cómo estos cambios impactarán su huella de carbono?

Optar por fuentes de energía renovable

Actividad 2: Opciones de energía renovable

1. Busque opciones de energía renovable disponibles en su área.

- ¿Qué tipos de energía renovable son más accesibles para usted (por ejemplo, solar, eólica, geotérmica)?
- ¿Cuáles son los potenciales costos y beneficios para cambiar a fuentes de energía renovables dentro de su hogar y espacio vital?

53

Reflexión

¿Qué pasos puede tomar para cambiar a fuentes de energía renovable? ¿Existen barreras que deba superar?

Reduciendo la Huella de Carbono

Actividad 1: Transporte sostenible

1. De seguimiento a sus hábitos de transporte durante una semana..

- ¿Qué tan frecuente usa, auto, bicicleta, transporte público o camina?
- Calcule la emisión de carbono en relación a sus opciones de transporte.

Reflexión

¿Qué cambios podría hacer para reducir la emisión de carbono en relación a su transporte? Fíjese una meta para incorporar un método de transporte sostenible en su rutina.

Elegir un transporte limpio y verde para disminuir sus emisiones de carbono

Actividad 2: Opciones alimenticias

1. Lleve nota de lo que come durante una semana, señalando el tipo de alimentos que consume.

- ¿Con qué frecuencia come carne, lácteos, alimentos a base de plantas, y productos de origen local?
- Busque cuál es la huella de carbono en diferentes alimentos.

Reflexión

Identifique tres cambios que puede realizar en su alimentación para reducir su huella de carbono. ¿Cómo estos cambios beneficiarán al ambiente ?

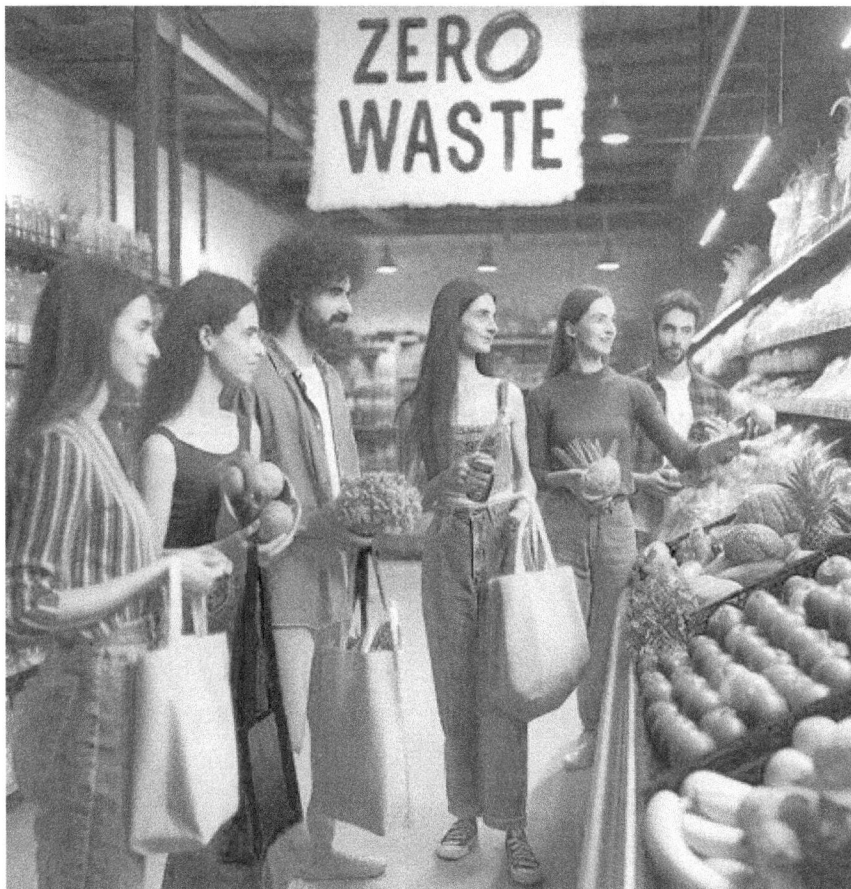

La elección dietética afecta su la salud y la salud de nuestro planeta

Consumo Sostenible

Actividad 1: Etiquetas ecológicas y certificaciones

1. Busque las etiquetas ecológicas y certificaciones para productos sostenibles (e.g. Comercio Justo, USDA Orgánico).

- Elija el producto que regularmente compra y busque una alternativa sostenible.
- Compare el impacto ambiental de los dos productos.

Reflexión

¿Cómo puede incorporar más productos ecológicos a sus hábitos de compra? ¿Qué criterios utilizará para hacer una selección más sostenible?

Actividad 2: Plan para reducción de residuos

1. Realice una auditoría de los residuos de su .familia

- Categorice sus residuos (p. ej., reciclables, compostables, a la basura).
- Identifique áreas dónde pueda rechazar, reducir, reutilizar y reciclar de forma más eficaz.

Reflexión

Desarrolle un plan de reducción de residuos para su hogar. ¿Qué medidas tomará para minimizar los residuos y aumentar el reciclaje?

Minimizar residuos y asegurar métodos de eliminación adecuados

Defensa y Compromiso de la Comunidad

Actividad 1: Escribir a sus funcionarios electos

1. Redacte una carta o un correo electrónico a sus funcionarios electos, locales o nacionales.

Exprese su preocupación sobre el cambio climático y sugiera acciones específicas que ellos puedan tomar.

Utilice hechos e historias personales para plantear su caso.

Reflexión

¿Cómo puede mantenerse comprometido con sus funcionarios electos y continuar abogando por la acción climática? ¿Qué otros métodos de defensa puede explorar?

Actividad 2: Organizar un evento comunitario

1. Planee un evento comunitario enfocado en una acción climática (e.g. limpieza de un día o un taller educativo).

• Describa los objetivos, actividades, y logística del evento.
• Identifique socios potenciales y recursos necesarios.

Reflexión

¿Qué impacto espera lograr con su evento? ¿Cómo puede alentar a más gente de su comunidad para involucrarse en acción climática?

Reúna a sus pares y a su comunidad para tomar acción climática

Invertir en el Futuro

Actividad 1: Investigación sobre inversión sostenible

1. Investigue sobre opciones de inversión sostenible como bonos verdes o inversión de impacto sostenible.

- Elija una opción de inversión y analice su potencial ambiental y sus beneficios financieros.
- Considere cómo esta inversión se alinea con su valores.

Reflexión

¿Cómo puede alinear sus inversiones financieras con sus objetivos de sostenibilidad? ¿Cómo puede alentar a otros para considerar la inversión sostenible?

Apoyar, comprometerse e invertir en negocios verdes

Actividad 2: Apoye negocios verdes locales

1. Identifique negocios locales que den prioridad a la sostenibilidad.

- Visite o contacte estos negocios para aprender más acerca de sus prácticas.
- Elija un negocio que apoye y refleje el porqué los escogió.

Reflexión

¿Cómo puede el apoyo a los negocios verdes contribuir a una economía local más sostenible? ¿Cómo puede apoyar la sostenibilidad a través de sus hábitos de gasto y elecciones de consumo?

Educación y Conciencia

A ctividad 1: Crear contenido educativo

1. Desarrolle contenido educativo acerca del cambio climático (por ejemplo, una publicación de blog, un video, una infografía).

- Elija un área o impacto del cambio climático para concentrarse en él.
- Investigue y presente la información de una manera atractiva y accesible para compartirla con sus amigos, familiares y comunidad (e.g. a través de los medios de comunicación o un sitio web).

Reflexión

¿Cómo puede usar sus habilidades, accesibilidad a los medios de comunicación, y plataformas para concientizar sobre el cambio climático? ¿Qué impacto espera lograr con su contenido educativo?

Cada uno de nosotros tiene un papel que desempeñar en la lucha contra el cambio climático

Actividad 2: Organice un taller o presentación

1. Planifique y organice un taller o presentación sobre cambio climático y sostenibilidad (consulte el esquema del taller adjunto, que puede personalizar para adaptarlo a sus necesidades y contexto).

- Identifique la audiencia y personalice su contenido y entrega, a sus intereses y necesidades.
- Incluir elementos interactivos para involucrar a los participantes.

- Alentar a los participantes a explorar acciones climáticas que puedan tomar (ver guía adjunta sobre acción climática individual).

Reflexión

¿Qué aprendió al organizar el taller o la presentación? ¿Cómo puede seguir educando e inspirando a otros para tomar acción climática?

Descripción del Taller

Inspirando Acción Climática: Pasos Prácticos para una Vida Sostenible

Descripción general

"Inspirando Acción Climática: Pasos Prácticos para una Vida Sostenible " es un taller interactivo diseñado para proporcionar a los participantes el conocimiento, las herramientas y la inspiración para tomar medidas significativas contra el cambio climático. Este taller combina contenido educativo, actividades prácticas y debates colaborativos para ayudar a las personas a comprender el impacto de sus elecciones. y a empoderarlos para contribuir a un Futuro más Sostenible.

Objetivos

- Educar a los participantes en la ciencia e impactos del cambio climático.
- Proporcionar estrategias prácticas para reducir la huella de carbono personal y comunitaria.
- Fomentar el sentido de comunidad y de acción colectiva entre los participantes.
- Empoderar a las personas para que aboguen por cambios de políticas que les permitan participar en la defensa del clima.

Agenda

1.Introducción y rompehielo (15 minutos)

- Bienvenida e introducción al taller.
- Actividad para fomentar la interacción de los participantes y su compromiso.

2.Comprendiendo el cambio climático (30 minutos)

- Presentación sobre la ciencia del cambio climático, sus causas y efectos.
- Discusión sobre los impactos globales y locales del cambio climático.

3.Reducir su huella de carbono (45 minutos)

- Sesión interactiva sobre formas prácticas de reducir las emisiones de carbono en la vida diaria, incluida la eficiencia energética, el transporte sostenible y la reducción de residuos.
- Actividad: Cálculo de la Huella de Carbono Personal y establecimiento de metas

4.Consumo sostenible y opciones dietéticas (30 minutos)

- Presentación sobre el impacto ambiental de la elección de productos alimenticios del consumidor.
- Actividad: Identificar productos sostenibles y planificar comidas amigables con el ambiente..

5.Defensa y compromiso de la comunidad (45 minutos)

- Discusión sobre la importancia de la incidencia y la acción colectiva.
- Actividad: Escriba cartas a funcionarios electos y organice eventos comunitarios.

6.Construyendo resiliencia (30 minutos)

- Presentación sobre resiliencia personal y comunitaria ante impactos climáticos.
- Actividad: Creación de planes de resiliencia personal y comunitaria .

7. Actividad grupal: Organizar una campaña de acción climática (45 minutos)

- Ejercicio colaborativo para planear una campaña de acción climática.

Los participantes trabajarán en grupos para definir objetivos, estrategias y pasos de acción

8. Reflexión y próximos pasos (30 minutos)

- Los participantes compartirán sus reflexiones sobre el taller y sus compromisos personales para la acción climática.
- Discusión sobre cómo permanecer comprometido y continuar haciendo una diferencia.

9. Preguntas y respuestas, y consideraciones finales (15 minutos)

- Se abre el espacio para preguntas y respuestas.
- Resumen de conclusiones clave y consideraciones finales..

Materiales a proporcionar:

Libro de trabajo: " Simple Pasos hacia la Sostenibilidad: Libro de trabajo y Guía para la Acción Climática Individual.

- Calculadora para huella de carbono y hojas de seguimiento.
- Lista de productos sostenibles y recursos.

- Plantillas para cartas de petición y planificación de eventos comunitarios.

¿Quién debería asistir?

Este taller es ideal para personas apasionadas por abordar el cambio climático, incluidos estudiantes, educadores, líderes comunitarios, activistas, y cualquier persona que busque impactar positivamente el ambiente. No se requiere tener previo conocimiento; sólo la voluntad de aprender y tomar acción.

Resultados

Al final del taller, los participantes podrán:

- Tener un sólido conocimiento del cambio climático y sus impactos.
- Comprender estrategias prácticas para reducir su huella de carbono y promover la sostenibilidad.
- Sentirse empoderados para participar en la defensa del clima y en la acción comunitaria.
- Haber creado planes viables para la resiliencia personal y comunitaria.

¡Únete con nosotros en este transformador taller y conviértete en parte de la solución para el cambio climático. ¡Juntos podemos hacer la diferencia!

Cambio Climático: ¿Qué Puedo Hacer?

Acciones Climáticas Prácticas

Los individuos pueden impactar significativamente el cambio climático adoptando diversas acciones en su vida diaria.

Aquí tenemos algunas acciones climáticas prácticas que se pueden hacer:

Reducir la Huella de Carbono

1. Transporte

- Usar transporte público, bicicleta, o caminar en lugar de conducir.
- Compartir auto o viajar en servicio compartido.
- Optar por vehículos eléctricos o híbridos.
- Límite viajes aéreos y elegir vuelos directos cuando sea posible..

2.Consumo energético

- Cambiar a fuentes de energía renovable en su hogar, como la energía solar o eólica.
- Instalar electrodomésticos con eficiencia energética y bombillas.
- Usar termostatos programables para reducir el uso de energía.
- Aislar su hogar para mantener la temperatura, evitando así la pérdida de energía.

3.Dieta

- Reducir el consumo de carne y lácteos, especialmente carne de res y cordero.
- Consuma más alimentos de origen vegetal y productos de origen local.
- Evitar el desperdicio de alimentos planificando las comidas y utilizando lo que sobra.

Vida Sostenible

4.Reducción de desperdicios

- Reciclar y compostar los desperdicios.

- Evitar plásticos de un solo uso; usar bolsas, botellas y contenedores reutilizables..
- Comprar productos con mínimo embalaje.

5.Agua conservación

- Instale cabezales de ducha y llaves de bajo flujo.
- Cierre las llaves en lugar de dejarlas abiertas cuando

No utiliza el agua (por ejemplo, al cepillarse, afeitarse o en la ducha).

- Arregle las fugas rápidamente.
- Utilice lavadora y lavavajillas que ahorren agua.
- Recolectar y usar agua de lluvia para jardinería.

Apoyando Prácticas Sostenibles

6.Opciones del consumidor

- Apoyar empresas con prácticas sostenibles y éticas.
- Comprar productos duraderos, de segunda mano o de alta calidad.
- Elegir marcas de ropa amigables con el medio ambiente .
- Evitar la moda rápida .

7.Abogacía y educación

- Infórmese usted mismo y a los demás sobre el cambio climático y la sostenibilidad.
- Apoye y vote por políticas y líderes que den prioridad a la acción climática.
- Participe o done a organizaciones ambientalistas.
- Abogue por iniciativas de sostenibilidad en su comunidad.

Gestión de recursos naturales

8.Jardinería y agricultura

- Plante árboles y apoye proyectos de reforestación.
- Cultive sus alimentos o apoye a los agricultores locales orgánicos..
- Utilice prácticas sostenibles de jardinería como composteo y xerojar-dinería.

Tecnología e Innovación

9.Adoptar tecnologías verdes

- Use dispositivos electrónicos energéticamente eficientes.
- Invierta en tecnologías domésticas inteligentes que ahorran energía.
- Apoyo innovaciones tecnológicas destinadas a la reducción de emisiones
.

Al integrar estas acciones en la vida diaria, las personas pueden contribuir a un esfuerzo colectivo para combatir el cambio climático y promover un futuro más sostenible.

Construyendo Resiliencia

Actividad 1: Plan personal de resiliencia

1. Evalúe su resiliencia a los impactos relacionados con el clima (por ejemplo, condiciones climáticas extremas, escasez de agua).

- Identifique áreas donde puede mejorar su preparación y adaptabilidad.
- Crear un plan para mejorar su resiliencia.

Reflexión

¿Cómo puede ayudarle el desarrollo de la resiliencia personal para afrontar los impactos del cambio climático? ¿Qué pasos tomaría para implementar su plan de resiliencia?

Actividad 2: Proyecto de resiliencia comunitaria

Desarrolle un proyecto para mejorar la resiliencia comunitaria al cambio climático.

- Identifique un riesgo específico relacionado con el clima en su comunidad (por ejemplo, inundaciones, olas de calor).
- Describa un proyecto que aborde este riesgo e involucre a los miembros de la comunidad.

Reflexión

¿Cómo puede colaborar con otros para desarrollar la resiliencia comunitaria? ¿Qué recursos y colaboraciones necesitará para implementar su proyecto exitosamente?

Mejore la resiliencia climática de su comunidad

El Poder de la Acción Colectiva

A ctividad 1: Unirse a un grupo de acción climática

1. Investigue sobre grupos y organizaciones de acción climática, locales, nacionales, o internacionales.

- Elija un grupo para unirse e involucrarse en sus actividades.
- Participe en reuniones, eventos, y campañas.

Reflexión

¿Cómo el formar parte de un grupo de acción climática puede aumentar su impacto? ¿Qué ha aprendido al trabajar con otros hacia un objetivo común?

Juntos podemos abordar el cambio climático

Actividad 2: Organizar una campaña de acción colectiva

Planear y organizar una campaña para abordar una situación climática específica .

- Definir las metas de la campaña, el público objetivo y los . mensajes críticos.
- Desarrollar una estrategia de divulgación, participación y acción. ¿Qué

espera lograr como resultado de la acción tomada?

Reflexión

¿Qué desafíos encontró al organizar la campaña? ¿Cómo puede superar estos desafíos y cómo puede fortalecer los esfuerzos futuros de la acción colectiva ? ¿Cómo puede mantener los esfuerzos que ha iniciado?

Fomentar la participación de la comunidad y el impulso para abordar urgentemente el cambio climático

Conclusión

¡Felicitaciones por completar el libro de trabajo! "Acción climática individual" Reflexione sobre su camino y el progreso que ha hecho. Identifique áreas donde pueda seguir creciendo, tome acción y celebre su contribución para crear un futuro más sostenible y resiliente.

Reflexión Final

Escriba una reflexión sobre su experiencia general usando este libro de trabajo . ¿Cómo ha influido en su comprensión del cambio climático y su papel para abordarlo? ¿Cuáles son sus próximos pasos para continuar su viaje de acción climática?

Si encontró útil este libro de trabajo, ¡le agradeceríamos si nos deja una reseña favorable en Amazon!

Acción Climática, Prueba de Competencia 1

P regunta 1

¿Cuál de las siguientes, es la forma más efectiva para que un individuo reduzca su huella de carbono?

a) Reciclar plásticos

b) Reducir el consumo de carne

c) Utilizar bombillas de bajo consumo

d) Compartir auto

Pregunta 2

¿Cuál es el término para medir la cantidad de emisiones de dióxido de carbono de las que es responsable un individuo u organización?

a) Impuesto al carbono

b) Huella de Carbono

c) Crédito de Carbono

d) Carbono neutro

Pregunta 3

¿Qué sector es el que más contribuye a las emisiones globales de gases de efecto invernadero?

a) Agricultura

b) Industria

c) Transporte

d) Producción de energía

Pregunta 4

¿Cuál de las siguientes acciones pueden tomar los gobiernos para fomentar el uso de energía renovable?

a) Subsidios a los combustibles fósiles

b) Implementar un impuesto al carbono

c) Reducir las regulaciones sobre la extracción de petróleo

d) Proporcionar exenciones fiscales para la gasolina.

Pregunta 5

¿Qué es la "Hora del Planeta"?

a) Una hora dedicada a la limpieza de parques locales.

b) Un evento global donde la gente apaga las luces durante una hora.

c) Una época en la que la gente planta árboles

d) Una jornada para el reciclaje de productos electrónicos

Pregunta 6

¿Cuál de las siguientes NO es una fuente de energía renovable?

a) Energía solar

b) Energía eólica

c) Energía nuclear

d) Energía hidroeléctrica

Pregunta 7

¿Qué acuerdo internacional pretende limitar el calentamiento global muy por debajo de 2 grados centígrados por encima de los niveles preindustriales?

a) Protocolo de Kioto

b) Protocolo de Montreal

c) Acuerdo de París

d) Enmienda de Doha

Pregunta 8

¿Qué hábito cotidiano puede reducir significativamente el desperdicio de agua?

a) Tomar duchas más cortas

b) Regar el césped todos los días

c) Lavar la ropa en agua caliente

d) Mantener el grifo abierto mientras se cepilla los dientes

Pregunta 9

¿Qué es una "compensación de carbono"?

a) Una reducción de las emisiones de dióxido de carbono u otros gases de efecto invernadero para compensar las emisiones realizadas en otros lugares

b) Un impuesto a las empresas en función de sus emisiones de carbono

c) Un método para capturar y almacenar dióxido de carbono de la atmósfera.

d) Un objetivo de reducción obligatorio establecido por el gobierno para las emisiones de carbono

Pregunta 10

¿Qué tipo de dieta tiene la menor huella de carbono?

a) Dieta omnívora

b) Dieta vegetariana

c) Dieta vegana

d) Dieta pescovegetariana

Respuestas, explicación y referencias al cuestionario de la Prueba de Competencia 1 sobre Acción Climática

Pregunta 1

Respuesta: b) Reducir el consumo de carne

Explicación: La producción ganadera es una fuente importante de gases de efecto invernadero, incluido el metano. Reducir el consumo de carne, especialmente de carne de res, puede reducir significativamente la huella de carbono de un individuo.

Referencia: [Impacto ambiental de la producción de carne]

(https://www.theguardian.com/environment/2018/jul/19/avoiding-meat-and-dairy-is-single-biggest-way-to-reduce-your-impact-on-earth)

Pregunta 2

Respuesta: b) Huella de Carbono

Explicación: Una huella de carbono es la cantidad total de gases de efecto invernadero (incluidos el dióxido de carbono y el metano) que emite un individuo, organización, evento o producto.

Referencia: [Huella de carbono](https://www.nature.org/en-us/get-involved/how-to-help/carbon-footprint-calculator/)

Pregunta 3

Respuesta: d) Producción de Energía

Explicación: El sector energético, incluida la producción de electricidad y calor, es la mayor fuente mundial de emisiones de gases de efecto invernadero debido a la quema de combustibles fósiles como carbón, petróleo y gas.

Referencia: [Datos globales sobre emisiones de gases de efecto invernadero] (https://www.epa.gov/ghgemissions/global-greenhouse-gas-emissions-data)

Pregunta 4

Respuesta: b) Implementar un impuesto al carbono

Explicación: Un impuesto al carbono pone un precio a las emisiones de carbono, incentivando a empresas e individuos a reducir su huella de carbono e invertir en fuentes de energía renovables.

Referencia: [Conceptos básicos del impuesto al carbono](https://www.c2es.org/content/carbon-tax-basics/)

Pregunta 5

Respuesta: b) Un evento global donde la gente apaga las luces durante una hora.

Explicación: La Hora del Planeta es un evento anual organizado por el Fondo Mundial para la Naturaleza (WWF), que anima a personas, comunidades y empresas a apagar las luces no esenciales durante una hora para crear conciencia sobre el cambio climático.

Referencia: [La Hora del Planeta](https://www.earthhour.org/)

Pregunta 6

Respuesta: c) Energía nuclear

Explicación: Si bien la energía nuclear es una fuente de energía baja en carbono, no es renovable porque depende del uranio, que es un recurso finito.

Referencia: [Explicación de la energía renovable](https://www.eia.gov/energyexpl ained/renewable-sources/)

Pregunta 7

Respuesta: c) Acuerdo de París

Explicación: El Acuerdo de París es un tratado internacional adoptado en 2015, cuyo objetivo es limitar el calentamiento global muy por debajo de los 2 grados Celsius, con esfuerzos para limitarlo a 1,5 grados Celsius.

Referencia: [Acuerdo de París](https://unfccc.int/process-and-meetings/the-paris-agreement/the-paris-agreement)

Pregunta 8

Respuesta: a) Tomar duchas más cortas

Explicación: Acortar la duración de las duchas es una forma eficaz de reducir el consumo de agua y la energía necesaria para calentarla.

Referencia: [Consejos para la conservación del agua] (https://www.epa.gov/waters

ense/how-we-use-water)

Pregunta 9

Respuesta: a) Una reducción de las emisiones de dióxido de carbono u otros gases de efecto invernadero para compensar las emisiones realizadas en otros lugares.

Explicación: La compensación de carbono son créditos adquiridos para financiar proyectos que reducen o eliminan los gases de efecto invernadero de la atmósfera, compensando las emisiones realizadas en otros lugares.

Referencia: [Compensación de carbono] (https://www.green-e.org/certified-resour ces/carbon-offsets)

Pregunta 10

Respuesta: c) Dieta vegana

Explicación: Una dieta vegana suele tener la huella de carbono más baja porque elimina todos los productos animales, que generalmente consumen más recursos y producen más gases de efecto invernadero que los alimentos de origen vegetal.

Referencia: [Beneficios ambientales de una dieta vegana]

(https://www.oxfordmartin.ox.ac.uk/news/201603_peter_scarborough_diet/)

¡Siéntete libre en utilizar este cuestionario junto con las explicaciones y referencias para mejorar el aprendizaje y la conciencia sobre la acción climática!

Acción Climática, Prueba de Competencia 2

Pregunta 1

¿Cuál es la mejor manera de reducir el consumo energético en casa?

a) Dejar los electrónicos desconectados

b) Utilizar electrodomésticos de bajo consumo

c) Mantener las luces encendidas todo el día

d) Utilizar pilas de un solo uso

Pregunta 2

¿Qué forma de transporte generalmente tiene la huella de carbono más baja?

a) Conducir un auto de gasolina

b) Viajar en avión

c) Andar en bicicleta

d) Tomar un crucero

Pregunta 3

¿Qué tipo de residuos se pueden compostar en casa?

a) Botellas de plástico

b) Restos de comida

c) Latas de metal

d) Frascos de vidrio

Pregunta 4

¿Cómo pueden las personas reducir el uso de agua en la jardinería?

a) Regar las plantas durante las horas más calurosas del día.

b) Utilizar una manguera sin boquilla

c) Colectar agua de lluvia en un barril

d) Plantar especies no autóctonas

Pregunta 5

¿Cuál es una forma sencilla de reducir el desperdicio de papel?

a) Imprimir todos los correos electrónicos

b) Usar servilletas de tela reutilizables

c) Usar platos desechables

d) Usar toallas de papel de un solo uso

Pregunta 6

¿Qué actividad del hogar utiliza más agua?

a) Lavar la ropa

b) Lavar los platos a mano

c) Tomar un baño

d) Tirar la cadena del sanitario

Pregunta 7

¿Cuál es el impacto de la reducción de desechos de alimentos en el medio ambiente?

a) Ningún impacto significativo

b) Aumenta las emisiones de gases de efecto invernadero

c) Reduce las emisiones de metano de los vertederos

d) Aumenta el uso de agua

Pregunta 8

¿Cuál es una mejor opción para el medio ambiente?

a) Comprar nuevos productos

b) Reutilizar artículos

c) Utilizar productos de un solo uso

d) Actualización frecuente a la última tecnología.

Pregunta 9

¿Cuál es una forma eficaz de reducir la contaminación plástica?

a) Usar bolsas de plástico

b) Evitar los popotes de plástico

c) Comprar agua embotellada

d) Usar utensilios de plástico

Pregunta 10

¿Qué tipo de bombilla es la más eficiente energéticamente?

a) Incandescente

b) Halógeno

c) Luz fluorescente compacta (CFL)

d) Diodo emisor de luz (LED)

Respuestas, explicación y referencias al cuestionario de la Prueba de Competencia 2 sobre Acción Climática

Pregunta 1

Respuesta: b) Usar electrodomésticos energéticamente eficientes

Explicación: Los electrodomésticos energéticamente eficientes consumen menos electricidad, lo que reduce el consumo general de energía y las facturas de servicios públicos. Están diseñados para utilizar tecnología que conserva energía sin comprometer el rendimiento.

Referencia: [Energy Star: Productos energéticamente eficientes](https://www.energystar.gov/products)

Pregunta 2

Respuesta: c) Andar en bicicleta

Explicación: Andar en bicicleta tiene la huella de carbono más baja porque no depende de combustibles fósiles y no emite gases de efecto invernadero. Es un modo de transporte sostenible que también ofrece beneficios para la salud.

Referencia: [Federación Europea de Ciclistas: Pedalear con más frecuencia 2 Enfriar el planeta](https://ecf.com/sites/ecf.com/files/ECF_CO2_WEB.pdf)

Pregunta 3

Respuesta: b) Restos de comida

Explicación: Los restos de comida, junto con otros materiales orgánicos como los desechos del jardín, se pueden convertir en abono en casa.

El compostaje ayuda a reducir los desechos de los vertederos y crea un suelo rico en nutrientes para la jardinería.

Referencia: [EPA: Composting en casa](https://www.epa.gov/recycle/composting-home)

Pregunta 4

Respuesta: c) Instalar un barril colector de agua de lluvia

Explicación: La instalación de un barril de lluvia permite a las personas recolectar y almacenar agua de lluvia, que luego puede usarse para regar las plantas. Esto conserva el agua de la llave y reduce las facturas de agua.

Referencia: [EPA: WaterSense - Uso de agua en exteriores en los Estados Unidos](https://www.epa.gov/watersense/outdoor)

Pregunta 5

Respuesta: b) Usar servilletas de tela reutilizables

Explicación: El uso de servilletas de tela reutilizables reduce la necesidad de productos de papel desechables, lo que reduce a su vez el desperdicio de papel. Esto ayuda a salvar árboles y reduce el volumen de residuos enviados a los vertederos.

Referencia: [EPA: Reducción de residuos: lo que usted puede hacer](https://www.epa.gov/recycle/reduction-waste-what-you-can-do)

Pregunta 6

Respuesta: d) Tirar la cadena del sanitario

Explicación: La descarga del sanitario normalmente utiliza la mayor cantidad de agua en un hogar. Instalar sanitarios de bajo flujo o utilizar dispositivos de ahorro puede reducir significativamente el uso de agua.

Referencia: [USGS: Uso del agua en los Estados Unidos](https://www.usgs.gov/spe cial-topics/water-science-school/science/water-use-united-states)

Pregunta 7

Respuesta: c) Reduce las emisiones de metano de los vertederos

Explicación: La reducción del desperdicio de alimentos disminuye la cantidad de desechos orgánicos que se descomponen en los vertederos, lo que a su vez reduce las emisiones de metano, un potente gas de efecto invernadero.

Referencia: [FAO: Huella de desperdicio de alimentos](http://www.fao.org/nr/sust ainability/food-loss-and-waste/en/)

Pregunta 8

Respuesta: b) Reutilizar artículos

Explicación: La reutilización de artículos reduce la demanda de nuevos productos, lo que disminuye la extracción de recursos y las emisiones de producción. También minimiza la generación de residuos.

Referencia: [EPA: Reducir, Reutilizar, Reciclar](https://www.epa.gov/recycle/reriv ing-and-reusing-basics)

Pregunta 9

Respuesta: b) Evitar los popotes de plástico

Explicación: Evitar los popotes de plástico de un solo uso (y otros plásticos de un solo uso) ayuda a reducir la contaminación plástica. Estos artículos a menudo no se reciclan y pueden dañar la vida marina cuando terminan en los océanos.

Referencia: [National Geographic: El problema de las pajitas de plástico](https://www.nationalgeographic.com/environment/article/are-plastic-straws-bad-for-the-environment)

Pregunta 10

Respuesta: d) LED (diodo emisor de luz)

Explicación: Las bombillas LED son energéticamente las más eficientes y utilizan hasta un 80% menos de energía que las bombillas incandescentes tradicionales. También tienen una vida útil más larga, lo que reduce el desperdicio y el consumo de energía.

Referencia: [Energy.gov: Iluminación LED](https://www.energy.gov/energysaver/led-lighting)

¡Siéntete libre en utilizar este cuestionario junto con las explicaciones y referencias para mejorar el aprendizaje y la conciencia sobre la acción climática!

Acción Climática, Prueba de Competencia 3

P**regunta 1**

¿Cuál es la causa principal del calentamiento global?

a) Erupciones volcánicas

b) Erupciones solares

c) Actividades humanas

d) Ciclos climáticos naturales

Pregunta 2

¿Qué gas de efecto invernadero se produce con mayor frecuencia por las actividades humanas?

a) Metano

b) Óxido nitroso

c) Dióxido de carbono

d) Clorofluorocarbonos (CFC)

Pregunta 3

¿Qué porcentaje de la superficie de la Tierra está cubierta por el océano, que desempeña un papel crucial en la regulación del clima?

a) 50%

b) 60%

c) 70%

d) 80%

Pregunta 4

¿Qué fuente de energía renovable genera más electricidad en el mundo?

a) Energía solar

b) Energía eólica

c) Energía hidroeléctrica

d) Energía geotérmica

Pregunta 5

¿Cuál es el efecto de la deforestación sobre el cambio climático?

a) Reduce los gases de efecto invernadero

b) Aumenta los gases de efecto invernadero

c) Ningún efecto sobre los gases de efecto invernadero

d) Sólo afecta el clima local

Pregunta 6

¿Qué iniciativa internacional alienta a las ciudades a revelar públicamente su impacto ambiental y tomar medidas para reducir los gases de efecto invernadero?

a) Grupo de Liderazgo Climático de Ciudades, C40

b) Protocolo de Kioto

c) Panel Intergubernamental de Cambio Climático (IPCC)

d) Pacto Mundial de Alcaldes por el Clima y la Energía

Pregunta 7

¿Cuál es la meta principal del Objetivo de Desarrollo Sostenible (ODS) 13, de las Naciones Unidas?

a) Garantizar el acceso al agua potable

b) Combatir el cambio climático y sus impactos

c) Promover energía asequible y limpia

d) Poner fin a la pobreza en todas sus formas

Pregunta 8

¿Qué país es el mayor emisor de dióxido de carbono según datos recientes?

a) Estados Unidos

b) India

c) China

d) Rusia

Pregunta 9

¿Cuál es el término para el calentamiento de la Tierra debido al calor del sol atrapado en la atmósfera?

a) Agotamiento del ozono

b) Efecto invernadero

c) Lluvia ácida

d) Efecto albedo

Pregunta 10

¿Qué práctica ayuda a reducir el efecto isla de calor urbano en las ciudades?

a) Aumento de las carreteras asfaltadas

b) Plantar más árboles y espacios verdes

c) Construir más edificios

d) Eliminación de parques y jardines

Respuestas, explicación y referencias al cuestionario de la Prueba de Competencia 3 sobre Acción Climática

Pregunta 1

Respuesta: c) Actividades humanas

Explicación: Las actividades humanas, como la quema de combustibles fósiles, la deforestación y los procesos industriales, liberan grandes cantidades de gases de efecto invernadero a la atmósfera, lo que provoca el calentamiento global.

Referencia: [NASA: Causas del cambio climático](https://climate.nasa.gov/causes/)

Pregunta 2

Respuesta: c) Dióxido de carbono

Explicación: El dióxido de carbono (CO_2) es el gas de efecto invernadero más importante liberado por las actividades humanas, principalmente por la quema de combustibles fósiles para energía y transporte.

Referencia: [EPA: Descripción general de los gases de efecto invernadero] (https://www.epa.gov/ghgemissions/overview-greenhouse-gases)

Pregunta 3

Respuesta: c) 70%

Explicación: Aproximadamente el 70% de la superficie de la Tierra está cubierta por el océano, que absorbe calor y dióxido de carbono, desempeñando un papel crucial en la regulación del clima global.

Referencia: [NOAA: ¿Qué parte de la Tierra está cubierta por agua?](https://ocean service.noaa.gov/facts/oceanwater.html)

Pregunta 4

Respuesta: c) Energía hidroeléctrica

Explicación: La energía hidroeléctrica genera la mayor cantidad de electricidad en todo el mundo, entre las fuentes de energía renovables, utilizando la energía del agua corriente.

Referencia: [Asociación Internacional de Energía Hidroeléctrica](https://www.hidr opower.org/what-we-do)

Pregunta 5

Respuesta: b) Aumenta los gases de efecto invernadero

Explicación: La deforestación aumenta las emisiones de gases de efecto invernadero al reducir la cantidad de árboles que pueden absorber dióxido de carbono. La tala y quema de bosques también libera carbono almacenado.

Referencia: [WWF: Deforestación y degradación forestal](https://www.worldwildli fe.org/threats/deforestation-and-forest-degradation)

Pregunta 6

Respuesta: a) Grupo de Liderazgo Climático de Ciudades C40

Explicación: El Grupo de Liderazgo Climático de Ciudades C40 es una red de megaciudades del mundo comprometidas a abordar el cambio climático compartiendo conocimientos y mejores prácticas.

Referencia: [Ciudades C40](https://www.c40.org/)

Pregunta 7

Respuesta: b) Combatir el cambio climático y sus impactos

Explicación: El Objetivo de Desarrollo Sostenible (ODS) 13 se centra en tomar medidas urgentes para combatir el cambio climático y sus impactos.

Referencia: [Naciones Unidas: Objetivo 13](https://sdgs.un.org/goals/goal13)

Pregunta 8

Respuesta: c) China

Explicación: China es actualmente el mayor emisor de dióxido de carbono, principalmente debido a su gran población y su rápida industrialización.

Referencia: [Atlas Global de Carbono](http://www.globalcarbonatlas.org/en/CO2-emissions)

Pregunta 9

Respuesta: b) Efecto invernadero

Explicación: El efecto invernadero es el calentamiento de la superficie de la Tierra y de la atmósfera inferior causado por la presencia de gases de efecto invernadero, que atrapan el calor del sol.

Referencia: [National Geographic: Efecto Invernadero](https://www.nationalgeog raphic.org/encyclopedia/greenhouse-effect/)

Pregunta 10

Respuesta: b) Plantar más árboles y espacios verdes

Explicación: El aumento de los espacios verdes urbanos, como parques y árboles, ayuda a reducir el efecto de isla de calor urbano al proporcionar sombra y enfriamiento a través de la evapotranspiración.

Referencia: [EPA: Efecto Isla de Calor](https://www.epa.gov/heatislands)

¡Siéntete libre en utilizar este cuestionario junto con las explicaciones y referencias para mejorar el aprendizaje y la conciencia sobre la acción climática!

Acción Climática, Prueba de Competencia 4

P regunta 1

¿Qué porcentaje de las emisiones globales de gases de efecto invernadero se atribuye a la agricultura?

a) 10%

b) 14%

c) 24%

d) 30%

Pregunta 2

¿Qué acuerdo internacional, firmado en 1997, tenía como objetivo reducir las emisiones de gases de efecto invernadero, pero luego fue reemplazado por el Acuerdo de París?

a) Protocolo de Kioto

b) Protocolo de Montreal

c) Acuerdo de Copenhague

d) Enmienda de Doha

Pregunta 3

¿Cuál es el principal gas de efecto invernadero emitido a través de las actividades humanas?

a) Metano

b) Óxido nitroso

c) Dióxido de carbono

d) Clorofluorocarbonos (CFC)

Pregunta 4

¿Qué sector es la mayor fuente de emisiones de metano?

a) Transporte

b) Agricultura

c) Industria

d) Gestión de residuos

Pregunta 5

¿Cuál es el término para el aumento gradual de la temperatura promedio de la superficie de la Tierra debido a las actividades humanas?

a) Enfriamiento global

b) Calentamiento global

c) Agotamiento del ozono

d) Lluvia ácida

Pregunta 6

¿Qué país es líder en producción de energía renovable, particularmente en energía eólica y solar?

a) Alemania

b) China

c) Estados Unidos

d) India

Pregunta 7

¿Qué es "neutralidad de carbono"?

a) Emitir cero dióxidos de carbono

b) Equilibrar el carbono emitido con compensaciones de carbono

c) Reducir las emisiones de carbono a la mitad

d) Evitar por completo los combustibles fósiles

Pregunta 8

¿Qué proceso natural absorbe anualmente alrededor del 25% de las emisiones de dióxido de carbono causadas por el hombre?

a) Absorción del océano

b) Fotosíntesis en las plantas

c) Secuestro del suelo

d) Oxidación de metano

Pregunta 9

¿Qué ecosistema se considera un importante sumidero de carbono, ya que absorbe más dióxido de carbono del que libera?

a) Desiertos

b) Pastizales

c) Bosques

d) Áreas urbanas

Pregunta 10

¿Qué acción individual puede reducir significativamente las emisiones de carbono de los hogares?

a) Usar una estufa de gas

b) Instalación de ventanas energéticamente eficientes

c) Lavar la ropa en agua caliente

d) Conducir un auto de gasolina

Respuestas, explicación y referencias al cuestionario de la Prueba de Competencia 4 sobre Acción Climática

Pregunta 1

Respuesta: c) 24%

Explicación: La agricultura es responsable de aproximadamente el 24% de las emisiones globales de gases de efecto invernadero, principalmente del metano y el óxido nitroso del ganado y los fertilizantes.

Referencia: [FAO: Emisiones de gases de efecto invernadero procedentes de la agricultura](http://www.fao.org/news/story/en/item/216137/icode/)

Pregunta 2

Respuesta: a) Protocolo de Kioto

Explicación: El Protocolo de Kioto fue un tratado internacional adoptado en 1997 que comprometió a sus partes a reducir las emisiones de gases de efecto invernadero, que luego fue reemplazado por el Acuerdo de París, más inclusivo y flexible, en 2015.

Referencia: [CMNUCC: Protocolo de Kioto](https://unfccc.int/kyoto_protocol)

Pregunta 3

Respuesta: c) Dióxido de carbono

Explicación: El dióxido de carbono (CO2) es el gas de efecto invernadero más importante emitido a través de las actividades humanas, principalmente por la quema de combustibles fósiles para energía y transporte.

Referencia: [EPA: Descripción general de los gases de efecto invernadero](https://www.epa.gov/ghgemissions/overview-greenhouse-gases)

Pregunta 4

Respuesta: b) Agricultura

Explicación: La agricultura es la mayor fuente de emisiones de metano, principalmente de la fermentación entérica en animales rumiantes y arrozales.

Referencia: [EPA: Emisiones de metano](https://www.epa.gov/ghgemissions/overview-greenhouse-gases#mtane)

Pregunta 5

Respuesta: b) Calentamiento global

Explicación: El calentamiento global se refiere al aumento a largo plazo de la temperatura promedio de la superficie de la Tierra debido a las actividades humanas, en particular a la emisión de gases de efecto invernadero.

Referencia: [NASA: Calentamiento global](https://climate.nasa.gov/causes/)

Pregunta 6

Respuesta: b) China

Explicación: China es líder mundial en producción de energía renovable, particularmente en energía eólica y solar, e invierte fuertemente en estos sectores para reducir su huella de carbono.

Referencia: [IEA: China y las energías renovables](https://www.iea.org/reports/renewables-2020/china)

Pregunta 7

Respuesta: b) Equilibrar el carbono emitido con compensaciones de carbono

Explicación: La neutralidad de carbono significa lograr un equilibrio entre la emisión de carbono y la absorción de carbono de la atmósfera en sumideros de carbono, a menudo a través de compensaciones de carbono e inversiones en energía renovable.

Referencia: [CMNUCC: ¿Qué es la neutralidad de carbono?](https://unfccc.int/news/what-do-net-zero-and-carbon-neutral-mean)

Pregunta 8

Respuesta: a) Absorción del océano

Explicación: El océano absorbe anualmente alrededor del 25% de las emisiones de dióxido de carbono causadas por el hombre, lo que desempeña un papel crucial en la mitigación del cambio climático.

Referencia: [NOAA: Captación de carbono en los océanos](https://www.noaa.gov/education/resource-collections/ocean-coasts/ocean-carbon-uptake)

Pregunta 9

Respuesta: c) Bosques

Explicación: Los bosques actúan como importantes sumideros de carbono, absorbiendo más dióxido de carbono del que liberan mediante la fotosíntesis y almacenando carbono en la biomasa y los suelos.

Referencia: [FAO: Los bosques y el cambio climático](http://www.fao.org/forestry/climatechange/en/)

Pregunta 10

Respuesta: b) Instalar ventanas energéticamente eficientes

Explicación: La instalación de ventanas energéticamente eficientes puede reducir significativamente el uso de energía doméstica para calefacción y refrigeración, reduciendo así las emisiones de carbono.

Referencia: [Energy.gov: Ventanas energéticamente eficientes](https://www.energy.gov/energysaver/design/windows-doors-and-skylights/energy-ficient-windows)

¡Siéntete libre en utilizar este cuestionario junto con las explicaciones y referencias para mejorar el aprendizaje y la conciencia sobre la acción climática!

Acción Climática, Prueba de Competencia 5

Pregunta 1

¿Cuál de las siguientes es una forma significativa de reducir su huella de carbono relacionada con el transporte?

a) Conducir solo

b) Compartir auto

c) Utilizar vehículos impulsados por gasolina

d) Aumentar los viajes aéreos

Pregunta 2

¿Cuál es la forma más eficiente, energéticamente, de lavar la ropa?

a) Lavado en agua caliente

b) Uso de la secadora

c) Lavado en agua fría

d) Usar una lavandería

Pregunta 3

¿Cómo se pueden reducir los desechos al comprar alimentos?

a) Usar bolsas de plástico

b) Comprar artículos de un solo uso

c) Usar bolsas reutilizables

d) Comprar artículos envueltos individualmente

Pregunta 4

¿Cuál es el impacto de reducir el consumo de carne en el cambio climático?

a) Sin impacto

b) Aumenta los gases de efecto invernadero

c) Reduce los gases de efecto invernadero

d) Sólo impacta la contaminación local

Pregunta 5

¿Qué actividad del hogar contribuye más al uso de energía?

a) Iluminación

b) Cocinar

c) Calefacción y refrigeración

d) Uso de la electrónica

Pregunta 6

¿Cuál es una forma sencilla de conservar agua en casa?

a) Tomar duchas prolongadas

b) Reparar llaves que gotean

c) Regar el césped diariamente

d) Mantener la llave abierta mientras se cepilla los dientes

Pregunta 7

¿Cuál es una forma eficaz de reducir los residuos plásticos?

a) Utilizar botellas de plástico de un solo uso

b) Evitar los popotes de plástico

c) Comprar productos envasados en plástico

d) Usar utensilios de plástico

Pregunta 8

¿Qué significa "residuo cero"?

a) No producir ningún residuo

b) Enviar residuos a vertederos

c) Reciclar la mayoría de los residuos

d) Reducir los residuos al mínimo y reutilizar o compostar en la medida de lo posible

Pregunta 9

¿Cómo puede ayudar la plantación de árboles a combatir el cambio climático?

a) Los árboles no tienen ningún efecto sobre el clima.

b) Los árboles liberan dióxido de carbono

c) Los árboles absorben dióxido de carbono.

d) Los árboles sólo dan sombra

Pregunta 10

¿Qué práctica forma parte de una alimentación sostenible?

a) Desperdiciar comida

b) Salir a comer con frecuencia

c) Elegir alimentos producidos localmente

d) Comer alimentos altamente procesados

Respuestas, explicación y referencias al cuestionario de la Prueba de Competencia 5 sobre Acción Climática

Pregunta 1

Respuesta: b) Compartir auto

Explicación: El uso compartido del automóvil reduce la cantidad de vehículos en la carretera, lo que a su vez reduce las emisiones de gases de efecto invernadero y reduce la huella de carbono.

Referencia: [EPA: Reducción de la contaminación de vehículos y motores](https://w ww.epa.gov/transportation-air-pollution-and-climate-change/what-you-can-do-r educe-pollution-vehicles-and -motores)

Pregunta 2

Respuesta: c) Lavar en agua fría

Explicación: Lavar la ropa en agua fría ahorra energía porque calentar el agua representa una parte importante de la energía utilizada en la lavandería.

Referencia: [Energy Star: Lavadoras de ropa](https://www.energystar.gov/produc ts/clothes_washers)

Pregunta 3

Respuesta: c) Usar bolsas reutilizables

Explicación: El uso de bolsas reutilizables reduce la demanda de bolsas de plástico de un solo uso, que son una fuente importante de contaminación plástica.

Referencia: [NRDC: El problema de las bolsas de plástico](https://www.nrdc.org/s tories/truth-about-plastic-bag-bans)

Pregunta 4

Respuesta: c) Reduce los gases de efecto invernadero

Explicación: Reducir el consumo de carne reduce las emisiones de metano del ganado y disminuye la huella de carbono asociada con la producción de carne.

Referencia: [Impacto ambiental de la producción de carne](https://www.theguardi an.com/environment/2018/jul/19/avoiding-meat-and-dairy-is-single-biggest-wa y-to-reduce-your- impacto en la tierra)

Pregunta 5

Respuesta: c) Calefacción y refrigeración

Explicación: Los sistemas de calefacción y refrigeración consumen la mayor cantidad de energía en un hogar típico, lo que contribuye significativamente al uso de energía y a las emisiones de carbono.

Referencia: [Energy.gov: Uso de energía en el hogar](https://www.energy.gov/ener gysaver/home-energy-use)

Pregunta 6

Respuesta: b) Reparar llaves que gotean

Explicación: Reparar las llaves que gotean puede ahorrar una cantidad significativa de agua, lo que ayuda a conservar este valioso recurso y reducir su factura de agua.

Referencia: [EPA: Semana de reparación de fugas](https://www.epa.gov/watersen se/fix-leak-week)

Pregunta 7

Respuesta: b) Evitar los popotes de plástico

Explicación: Evitar los popotes de plástico de un solo uso reduce los desechos plásticos y ayuda a prevenir la contaminación en el océano y otros entornos naturales.

Referencia: [National Geographic: Contaminación plástica](https://www.national geographic.com/environment/article/plastic-pollution)

Pregunta 8

Respuesta: d) Reducir los desechos al mínimo y reutilizar o compostar en la medida de lo posible

Explicación: La filosofía de desecho cero tiene como objetivo minimizar los residuos mediante la reutilización, el reciclaje y el compostaje tanto como sea posible, reduciendo así la cantidad de residuos enviados a los vertederos.

Referencia: [Alianza Internacional Residuo Cero](http://zwia.org/)

Pregunta 9

Respuesta: c) Los árboles absorben dióxido de carbono.

Explicación: Los árboles absorben dióxido de carbono durante la fotosíntesis, lo que ayuda a mitigar los efectos del cambio climático al reducir la cantidad de $CO2$ en la atmósfera.

Referencia: [Fundación del Día del Árbol: Cómo los árboles luchan contra el cambio climático](https://www.arborday.org/trees/climatechange/)

Pregunta 10

Respuesta: c) Elegir alimentos producidos localmente

Explicación: La elección de alimentos producidos localmente reduce la huella de carbono asociada con el transporte de alimentos a largas distancias y respalda las economías locales.

Referencia: [Tabla Sostenible: Beneficios de los alimentos locales](https://www.sustainabletable.org/254/local-regional-food-systems)

¡Siéntete libre de utilizar este cuestionario junto con las explicaciones y referencias para promover la conciencia y la acción para la acción climática individual!

Curiosidad Climática sobre las Acciones Humanas que Conducen al Cambio Climático y sus Impactos

echo 1: Quema de combustibles fósiles

H Hecho: La quema de combustibles fósiles para obtener energía representa aproximadamente el 76% de las emisiones mundiales de gases de efecto invernadero.

Explicación: La combustión de carbón, petróleo y gas natural para producir electricidad y calor libera cantidades significativas de CO_2 y otros gases de efecto invernadero a la atmósfera. Este es el principal impulsor del cambio climático.

Referencia: EPA: Datos globales de emisiones de gases de efecto invernadero

Impacto: Calentamiento Global

Impacto: El aumento de los gases de efecto invernadero provocados por la quema de combustibles fósiles provoca temperaturas globales más altas, lo que ocasiona olas de calor, derretimiento de los casquetes polares y aumento del nivel del mar.

Referencia: NASA: Temperatura Global

Hecho 2: Deforestación

Hecho: Cada año se pierde un área de bosque del tamaño de Panamá, lo que contribuye con aproximadamente el 10% de las emisiones globales de carbono.

Explicación: Los árboles absorben CO_2 de la atmósfera. Cuando los bosques se talan para la agricultura, la tala o el desarrollo, el carbono almacenado se libera a la atmósfera lo que exacerba el calentamiento global.

Referencia: WWF: Deforestación y Cambio Climático

Impacto: Pérdida de Biodiversidad

Impacto: La deforestación conduce a la pérdida de hábitat, amenazando la supervivencia de muchas especies (incluidos los humanos) y reduciendo la biodiversidad, lo que puede alterar los ecosistemas y afectar los medios de vida humanos.

Referencia: National Geographic: Deforestación

Hecho 3: Agricultura industrial

Hecho: La agricultura es responsable de aproximadamente el 24% de las emisiones globales de gases de efecto invernadero, principalmente provenientes del manejo del suelo, la producción de arroz y la ganadería.

Explicación: El ganado produce metano durante la digestión, los fertilizantes liberan óxido nitroso y los arrozales emiten metano. Estas actividades contribuyen significativamente a las emisiones de gases de efecto invernadero.

Referencia: FAO: Emisiones de gases de efecto invernadero procedentes de la agricultura

Impacto: Degradación del suelo

Impacto: Las prácticas agrícolas intensivas provocan la erosión del suelo, la pérdida de fertilidad y la desertificación, lo que reduce la productividad agrícola y contribuye a la inseguridad alimentaria.

Referencia: CNULD: Degradación del suelo

Hecho 4: Emisiones del transporte

Hecho: El sector del transporte representa alrededor del 14% de las emisiones globales de gases de efecto invernadero, siendo los automóviles, camiones, aviones y barcos los principales contribuyentes.

Explicación: La quema de gasolina y diésel para el transporte emite CO_2 y otros contaminantes. El aumento del número de vehículos y de los kilómetros recorridos agrava el problema.

Referencia: EPA: Fuentes de emisiones de gases de efecto invernadero

Impacto: Contaminación del aire y problemas de salud

Impacto: Las emisiones del transporte contribuyen a la contaminación del aire, que puede causar enfermedades respiratorias y cardiovasculares, lo que provoca muertes prematuras e importantes costos de atención médica.

Referencia: OMS: Contaminación del aire ambiente

Hecho 5: Procesos industriales

Hecho: Las actividades industriales, incluida la producción de cemento y la fabricación de productos químicos, representan aproximadamente el 21% de las emisiones mundiales de gases de efecto invernadero.

Explicación: Estas industrias liberan CO_2 y otros gases de efecto invernadero mediante el uso de energía y reacciones químicas. La producción de cemento por sí sola es responsable del 8% de las emisiones globales de CO_2.

Referencia: AIE: Emisiones de CO_2 del sector industrial

Impacto: Acidificación del océano

Impacto: El aumento de los niveles de CO_2 provoca la acidificación del océano, lo que daña la vida marina, en particular los organismos que forman conchas, como los corales y los moluscos, y afecta a los ecosistemas marinos y la pesca.

Referencia: NOAA: Acidificación del Océano

Hecho 6: Gestión de residuos

Hecho: Los vertederos son la tercera fuente más grande de emisiones de metano relacionadas con el hombre y contribuyen a aproximadamente el 11% de las emisiones globales de metano.

Explicación: Los desechos orgánicos en los vertederos se descomponen anaeróbicamente, produciendo metano, un potente gas de efecto invernadero. Mejores prácticas de gestión de residuos pueden reducir significativamente estas emisiones.

Referencia: EPA: Emisiones globales por gas

Impacto: Emisiones de metano

Impacto: El metano tiene un potencial de calentamiento global entre 28 y 36 veces mayor que el CO_2 en un período de 100 años, lo que lo convierte en un importante impulsor del cambio climático a corto plazo.

Referencia: IPCC: Quinto Informe de Evaluación

Hecho 7: Ineficiencia energética

Hecho: Los edificios representan alrededor del 6% de las emisiones globales de gases de efecto invernadero debido al uso de energía para calefacción, refrigeración e iluminación.

Explicación: Los edificios ineficientes consumen más energía, principalmente de combustibles fósiles, lo que genera mayores emisiones de gases de efecto invernadero. Mejorar la eficiencia energética puede reducir significativamente estas emisiones.

Referencia: IEA: Edificios

Impacto: Aumento de la demanda de energía

Impacto: El alto consumo de energía proveniente de edificios ineficientes aumenta la demanda de combustibles fósiles, lo que contribuye a mayores emisiones de gases de efecto invernadero y exacerba el cambio climático.

Referencia: EPA: Energía y Medio Ambiente

Hecho 8: Consumismo

Hecho: La producción y eliminación de bienes contribuyen aproximadamente con el 60% de las emisiones globales de gases de efecto invernadero, impulsadas por la demanda de nuevos productos por parte de los consumidores.

Explicación: El ciclo de vida de los productos, desde la extracción de materias primas hasta la fabricación, el transporte y la eliminación, genera importantes emisiones de gases de efecto invernadero. Reducir el consumo y promover

124

prácticas de economía circular puede ayudar a mitigar estos impactos.

Referencia: PNUMA: Informe sobre la brecha de emisiones 2020

Impacto: Agotamiento de los recursos

Impacto: Los altos niveles de consumismo conducen a una sobre extracción de recursos naturales, la destrucción del hábitat y un aumento de los desechos, lo que contribuye a la degradación ambiental y al cambio climático.

Referencia: Economía circular: los beneficios

Hecho 9: Urbanización

Hecho: Las áreas urbanas son responsables de aproximadamente el 70% de las emisiones globales de CO_2 debido al alto consumo de energía y las necesidades de transporte.

Explicación: Las ciudades concentran personas, industrias e infraestructura, lo que genera una alta demanda de energía e importantes emisiones de gases de efecto invernadero. La planificación urbana sostenible y la infraestructura verde pueden reducir estas emisiones.

Referencia: ONU Hábitat: Ciudades y Cambio Climático

Impacto: Islas de Calor

Impacto: Las zonas urbanas suelen experimentar temperaturas más altas que las rurales debido al efecto isla de calor, que aumenta la demanda de energía para refrigeración y exacerba los impactos del cambio climático.

Referencia: EPA: Efecto isla de calor

Estos hechos y sus impactos asociados ilustran cómo diversas actividades humanas contribuyen al cambio climático y resaltan la importancia de mitigar estos efectos a través de prácticas y políticas sostenibles.

Curiosidad Climática sobre la Acción Individual para Proteger Nuestro Planeta

H echo 1: Los electrodomésticos de bajo consumo ahorran más que solo energía

Hecho: Reemplazar un refrigerador viejo por un modelo con certificación Energy Star puede ahorrar suficiente energía para alimentar un televisor LED nuevo durante más de dos años.

Explicación: Los electrodomésticos energéticamente eficientes utilizan tecnologías avanzadas para reducir el consumo de energía, lo que genera ahorros significativos en las facturas de servicios públicos y reduce la huella de carbono general.

Referencia: Energy Star: Refrigeradores

Hecho 2: Andar en bicicleta es una triple victoria

Hecho: Andar en bicicleta solo 10 kilómetros en lugar de conducir puede evitar la emisión de aproximadamente 1,3 kilogramos de CO_2, ahorrar dinero en combustible y mejorar su salud.

Explicación: Andar en bicicleta es un modo de transporte sin emisiones que reduce los gases de efecto invernadero, ahorra dinero en costos de transporte y ofrece beneficios para la salud física, como una mejor salud cardiovascular.

Referencia: Federación Europea de Ciclistas: Pedalear con más frecuencia para enfriar el planeta

Hecho 3: El compostaje transforma los residuos en un tesoro

Hecho: El compostaje de los desechos de la cocina y el jardín puede desviar hasta el 30% de los residuos domésticos de los vertederos.

Explicación: El compostaje de desechos orgánicos reduce la cantidad de material enviado a los vertederos, disminuye las emisiones de metano provenientes de la descomposición de desechos y crea un suelo rico en nutrientes para la jardinería.

Referencia: EPA: Compostaje en casa

Hecho 4: Los barriles colectores de lluvia son una solución antigua pero moderna

Hecho: Los barriles colectores de lluvia se han utilizado desde la antigüedad y pueden ahorrar alrededor de 1300 galones de agua durante los meses pico del verano.

Explicación: La recolección de agua de lluvia mediante barriles ayuda a conservar agua, reduce la escorrentía de aguas pluviales y proporciona una fuente de agua gratuita para jardinería y otros usos al aire libre.

Referencia: EPA: WaterSense - Uso del agua en exteriores en los Estados Unidos

Hecho 5: Los artículos reutilizables pueden tener un gran impacto

Hecho: Usar una botella de agua reutilizable puede ahorrar un promedio de

156 botellas de plástico al año por persona.

Explicación: El cambio por artículos reutilizables como botellas de agua, reduce significativamente los desechos plásticos, minimiza la contaminación ambiental y conserva los recursos utilizados en la producción de plásticos de un solo uso.

Referencia: NRDC: El problema de las botellas de plástico

Hecho 6: Los sanitarios de bajo flujo causan sensación en la conservación del agua

Hecho: Instalar un sanitario de bajo flujo puede ahorrar hasta 13,000 galones de agua por año para una familia de cuatro.

Explicación: Los sanitarios de bajo flujo utilizan menos agua por descarga en comparación con los modelos tradicionales, lo que reduce significativamente el uso de agua en el hogar y conserva este recurso vital.

Referencia: EPA: WaterSense – Sanitarios

Hecho 7: Reducir el desperdicio de alimentos ahorra dinero y salva el planeta

Hecho: Una familia promedio de cuatro personas puede ahorrar alrededor de $1,500 al año evitando el desperdicio de alimentos.

Explicación: Reducir el desperdicio de alimentos no solo conserva los recursos utilizados en la producción de alimentos, sino que también reduce las emisiones de gases de efecto invernadero provenientes de la descomposición de los alimentos en los vertederos y ahorra dinero al hacer un mejor uso de los alimentos comprados.

Referencia: NRDC: Desperdicio: cómo Estados Unidos está perdiendo hasta el 40 por ciento de sus alimentos desde la granja hasta la mesa y el vertedero

Hecho 8: Las bombillas LED iluminan el camino hacia el ahorro

Hecho: las bombillas LED utilizan al menos un 75 % menos de energía y duran 25 veces más que las luces incandescentes.

Explicación: Los LED son altamente eficientes energéticamente y tienen una larga vida útil, lo que reduce el consumo de energía y la frecuencia de reemplazo de bombillas, lo que reduce el impacto ambiental y los costos.

Referencia: Energy.gov: Iluminación LED

Hecho 9: Plantar árboles tiene beneficios duraderos

Hecho: Un árbol maduro puede absorber dióxido de carbono a un ritmo de 21.79 kg por año y liberar suficiente oxígeno a la atmósfera para sustentar a dos seres humanos.

Explicación: Los árboles desempeñan un papel fundamental en la mitigación del cambio climático al absorber CO_2, proporcionar oxígeno y ofrecer otros beneficios ambientales, como enfriar las áreas urbanas y apoyar a la biodiversidad.

Referencia: Fundación del Día del Árbol: Beneficios de los árboles

Hecho 10: Comer localmente reduce la "huella alimentaria" de carbono

Hecho: Los productos cultivados localmente a menudo viajan menos de 100 millas para llegar a su plato, en comparación con las 1,500 millas de los alimentos de origen convencional.

Explicación: Comer alimentos cultivados localmente reduce las emisiones de carbono asociadas con el transporte de alimentos a largas distancias, apoya a los agricultores locales y, a menudo, significa productos más frescos y nutritivos.

Referencia: Mesa Sostenible: Beneficios de la comida local

Estos hechos, explicaciones y referencias se pueden incluir para educar e inspirar a los ciudadanos sobre el impacto de las acciones climáticas individuales.

Curiosidad Climática sobre la Acción Individual y el Ahorro en los Hogares

Hecho 1: **Los electrodomésticos de bajo consumo ahorran mucho dinero**

Hecho: Reemplazar un refrigerador viejo por un modelo con certificación Energy Star puede ahorrarle hasta $150 (dólares) por año en facturas de energía.

Explicación: Los electrodomésticos energéticamente eficientes utilizan tecnología avanzada para minimizar el consumo de energía, lo que genera ahorros significativos en las facturas de servicios públicos y reduce la huella de carbono.

Referencia: Energy Star: Refrigeradores

Hecho 2: Las bombillas LED iluminan el camino hacia el ahorro

Hecho: Cambiar a bombillas LED puede ahorrarle alrededor de $225 (dólares) por año en costos de energía.

Explicación: Las bombillas LED son muy eficientes energéticamente, utilizan al menos un 75% menos de energía que las bombillas incandescentes y duran mucho más, lo que reduce las facturas de energía y la necesidad de reemplazos frecuentes.

Referencia: Energy.gov: Iluminación LED

Hecho 3: Los termostatos programables dan sus frutos

Hecho: Usar un termostato programable puede ahorrarle hasta un 10% en costos de calefacción y refrigeración, lo que podría ser alrededor de $180 (dólares) por año para un hogar promedio.

Explicación: Los termostatos programables ajustan automáticamente la temperatura de su hogar según su horario, lo que reduce la calefacción y refrigeración innecesarias cuando está fuera o duerme.

Referencia: Energy Star: Termostatos programables

Hecho 4: Las instalaciones de bajo flujo conservan agua y dinero

Hecho: La instalación de cabezales de ducha de bajo flujo puede ahorrarle a una familia de cuatro hasta $260 (dólares) al año en facturas de agua y energía.

Explicación: Las instalaciones de bajo flujo reducen la cantidad de agua utilizada sin comprometer el rendimiento, lo que genera ahorros en las facturas de agua y energía debido al menor calentamiento del agua.

Referencia: EPA: WaterSense - Cabezales de ducha

Hecho 5: Sellar y aislar su hogar

Hecho: Sellar y aislar adecuadamente su casa puede ahorrar hasta un 20% en costos de calefacción y refrigeración, lo que se traduce en alrededor de $200 (dólares) por año.

Explicación: Sellar las fugas y agregar aislamiento mantiene su hogar más cálido en invierno y más fresco en verano, lo que reduce la necesidad de calefacción y refrigeración excesiva.

Referencia: Energy Star: Sellado del hogar

Hecho 6: Usar un barril colector de lluvia

Hecho: El uso de un barril colector de lluvia puede ahorrar hasta 1,300 galones de agua durante los meses pico dl verano, lo que reduce su factura de agua.

Explicación: Los barriles de lluvia recolectan y almacenan agua de lluvia, que puede usarse para riego al aire libre, lo que reduce la necesidad de usar agua de la llave y las facturas de agua.

Referencia: EPA: WaterSense - Uso del agua en exteriores en los Estados Unidos

Hecho 7: El compostaje reduce los residuos y ahorra fertilizantes

Hecho: El compostaje en casa puede reducir los desechos domésticos hasta en un 30% y ahorrarle dinero en fertilizantes para el jardín.

Explicación: El compostaje de desechos orgánicos, como restos de comida y recortes de jardín, reduce la cantidad de desechos enviados a los vertederos y produce abono rico en nutrientes que puede usarse para mejorar la salud del suelo, eliminando la necesidad de fertilizantes comerciales.

Referencia: EPA: Compostaje en casa

Hecho 8: Reducir el desperdicio de alimentos

Hecho: Una familia promedio de cuatro personas puede ahorrar aproximadamente $1,500 (dólares) por año al reducir el desperdicio de alimentos.

Explicación: Al planificar las comidas, almacenarlas adecuadamente y utilizar las sobras, los hogares pueden reducir significativamente la cantidad de alimentos que se desperdician, ahorrando dinero y reduciendo el impacto ambiental de la producción y eliminación de alimentos.

Referencia: NRDC: Desperdicio: cómo Estados Unidos está perdiendo hasta el 40 por ciento de sus alimentos desde la granja hasta la mesa y el vertedero

Hecho 9: Ahorros en transporte público y uso compartido de vehículos

Hecho: Compartir automóvil o utilizar el transporte público puede ahorrarle hasta $2,000 (dólares) por año en costos de combustible, mantenimiento y estacionamiento.

Explicación: Compartir viajes reduce la cantidad de vehículos en la carretera, lo que reduce el consumo de combustible y el desgaste de los vehículos, y ahorra en gastos de estacionamiento.

Referencia: Asociación Estadounidense de Transporte Público: Los beneficios del transporte público

Hecho 10: Los artículos reutilizables reducen los costos

Hecho: El uso de botellas de agua, bolsas de compras y tazas de café reutilizables puede ahorrarle a una persona promedio hasta $200 (dólares) por año.

Explicación: Invertir en artículos reutilizables elimina la necesidad de productos de un solo uso, lo que reduce el desperdicio y ahorra dinero a largo plazo.

Referencia: NRDC: El problema de las botellas de plástico

Estos datos se pueden utilizar para educar e inspirar a las personas a tomar medidas climáticas y al mismo tiempo acentuar el potencial de ahorro de los hogares.

Curiosidad Climática sobre el Consumismo y las Opciones Dietéticas como Acción Climática Cotidiana

uriosidad climática sobre el consumismo

C Hecho 1: Comprar artículos de segunda mano es beneficioso para todos

Dato: Comprar ropa de segunda mano ahorra alrededor de 0,5 kg de emisiones de CO_2 por prenda en comparación con comprar ropa nueva.

Explicación: Las compras de segunda mano reducen la demanda de producción de ropa nueva, lo que requiere una cantidad significativa de energía, agua y materias primas. También ayuda a minimizar el desperdicio al extender la vida útil de las prendas existentes.

Referencia: ThredUp: Los beneficios ambientales del ahorro

Hecho 2: Las suscripciones digitales salvan árboles

Hecho: El cambio a suscripciones digitales de periódicos y revistas puede salvar hasta 1 millón de árboles al año si se adopta ampliamente.

Explicación: Las suscripciones digitales reducen la necesidad de producción de papel, lo que implica deforestación, uso de agua y consumo de energía. También reduce el desperdicio asociado con la eliminación de publicaciones impresas antiguas.

Referencia: El mundo cuenta: datos sobre los residuos de papel

Hecho 3: La reparación ahorra dinero y protege el planeta

Hecho: Reparar dispositivos electrónicos en lugar de reemplazarlos puede ahorrar hasta un 25% de las emisiones de CO_2 en comparación con fabricar otros nuevos.

Explicación: La reparación extiende la vida útil de los productos, reduciendo la demanda de nuevos recursos y energía utilizados en la fabricación. También disminuye los desechos electrónicos, que pueden ser peligrosos para el medio ambiente.

Referencia: iFixit: La revolución de la reparación

Hecho 4: Alquilar en lugar de comprar

Hecho: Alquilar artículos como herramientas, artículos para fiestas o equipos deportivos puede reducir su huella de carbono hasta en un 70%.

Explicación: El alquiler disminuye la necesidad de producir nuevos artículos, lo que implica la extracción de materias primas, procesos de fabricación y transporte. También fomenta el intercambio y reduce el desperdicio.

Referencia: Compartible: Los beneficios del alquiler

Hecho 5: Consumismo consciente

Hecho: Los consumidores que eligen marcas sostenibles pueden reducir su huella de carbono individual hasta en un 30%.

Explicación: Las marcas sostenibles suelen utilizar materiales ecológicos, procesos de producción éticos y envases mínimos. Apoyar estas marcas alienta al mercado a adoptar prácticas más ecológicas.

Referencia: Forbes: El auge del consumismo consciente

Curiosidad Climática sobre las Opciones Dietéticas

echo 1: Los lunes sin carne marcan la diferencia

Hecho: Si todos en Estados Unidos o en su país dejaran de comer carne un día a la semana, se ahorraría el equivalente en carbono de sacar de circulación 7,6 millones de automóviles.

Explicación: La producción de carne requiere muchos recursos y requiere grandes cantidades de agua, pienso y tierra. También genera importantes emisiones de gases de efecto invernadero. Reducir el consumo de carne, aunque sea ligeramente, puede reducir su huella de carbono.

Referencia: Lunes sin carne: Beneficios ambientales

Hecho 2: Las dietas basadas en plantas son respetuosas con el clima

Hecho: Adoptar una dieta basada en plantas puede reducir su huella de carbono hasta en un 50%.

Explicación: Los alimentos de origen vegetal generalmente tienen una huella de carbono menor en comparación con los productos animales. Requieren menos agua, tierra y energía para producir y generan menos emisiones de gases de efecto invernadero.

Referencia: The Lancet: La dieta de salud planetaria

Hecho 3: Los alimentos locales consumen menos carbono

Hecho: Comer alimentos cultivados localmente puede reducir las emisiones de carbono asociadas con el transporte hasta en un 90%.

Explicación: Los alimentos locales viajan distancias más cortas desde la granja hasta el plato, lo que reduce la necesidad de transporte de larga distancia, que es una fuente importante de emisiones de carbono.

Referencia: NRDC: Coma local

Hecho 4: El desperdicio de alimentos es importante

Hecho: Reducir el desperdicio de alimentos podría ahorrar un promedio de $1,500 (dólares) por año para una familia de cuatro y reducir significativamente las emisiones de metano de los vertederos.

Explicación: El desperdicio de alimentos contribuye a las emisiones de metano, un potente gas de efecto invernadero. La planificación, el almacenamiento y el uso adecuado de las sobras pueden ayudar a reducir el desperdicio y ahorrar dinero.

Referencia: NRDC: Desperdicio: cómo Estados Unidos está perdiendo hasta el 40 por ciento de sus alimentos desde la granja hasta la mesa y el vertedero

Hecho 5: La alimentación de temporada es sostenible

Hecho: Comer productos de temporada puede reducir la huella de carbono de tus alimentos en un 10%.

Explicación: Los productos de temporada requieren menos recursos para crecer y normalmente implican menos tiempo de transporte y almacenamiento. Esto reduce las emisiones de carbono asociadas con las prácticas agrícolas fuera de temporada y el envío de larga distancia.

Referencia: Guía de alimentos de temporada: Beneficios de comer de temporada

Estos hechos resaltan cómo las decisiones cotidianas en materia de consumismo y dieta pueden afectar significativamente la acción climática. Incluirlos en un libro puede educar a los lectores sobre los beneficios tangibles de una vida sostenible.

Curiosidad Climática sobre la Acción Individual y la Salud Humana

Hecho 1: El aire más limpio mejora la salud

Hecho: El cambio a fuentes de energía renovables puede evitar hasta 4,5 millones de muertes prematuras al año debido a la contaminación del aire.

Explicación: La quema de combustibles fósiles libera contaminantes como partículas, óxidos de nitrógeno y dióxido de azufre, que contribuyen a las enfermedades respiratorias y cardiovasculares. La transición a fuentes de energía limpias reduce estas emisiones nocivas, mejorando la calidad del aire y la salud pública.

Referencia: Organización Mundial de la Salud: Contaminación del aire ambiente

Hecho 2: El transporte activo aumenta el bienestar

Hecho: Caminar o andar en bicicleta solo 30 minutos al día puede reducir el riesgo de enfermedad cardiovascular hasta en un 50%.

Explicación: El transporte activo, como caminar y andar en bicicleta, promueve la actividad física, que es crucial para la salud cardiovascular. También reduce la dependencia de los vehículos, lo que reduce las emisiones de gases de efecto invernadero y mejora la calidad del aire.

Referencia: Asociación Estadounidense del Corazón: Beneficios de la actividad física

Hecho 3: Los espacios verdes mejoran la salud mental

Hecho: Pasar tiempo en espacios verdes puede reducir el estrés y mejorar la salud mental, reduciendo el riesgo de depresión hasta en un 30%.

Explicación: El acceso a parques y entornos naturales fomenta la actividad física, la interacción social y la relajación, todo lo cual es beneficioso para la salud mental. Los espacios verdes también ayudan a mitigar las islas de calor urbanas y mejorar la calidad del aire.

Referencia: Institutos Nacionales de Salud: Contacto con la naturaleza y salud humana

Hecho 4: Las dietas basadas en plantas reducen el riesgo de enfermedades

Hecho: Adoptar una dieta basada en plantas puede reducir el riesgo de desarrollar diabetes tipo 2 en un 23%.

Explicación: Las dietas basadas en plantas son ricas en fibra, antioxidantes y grasas saludables, que ayudan a regular los niveles de azúcar en sangre y reducir la inflamación. También reducen la huella de carbono asociada con la producción de alimentos.

Referencia: Harvard T.H. Escuela Chan de Salud Pública: La fuente de nutrición

Hecho 5: Reducir el consumo de carne beneficia la salud

Hecho: Reducir el consumo de carnes rojas y procesadas puede reducir el riesgo de cáncer colorrectal hasta en un 18%.

Explicación: El alto consumo de carnes rojas y procesadas está relacionado con un mayor riesgo de cáncer colorrectal. Comer más alimentos de origen vegetal no sólo reducen este riesgo, sino que también beneficia al medio ambiente al reducir las emisiones de gases de efecto invernadero del ganado.

Referencia: Organización Mundial de la Salud: Preguntas y respuestas sobre la carcinogenicidad del consumo de carne roja y carne procesada

Hecho 6: La energía renovable reduce los ataques de asma

Hecho: Reducir el uso de combustibles fósiles y aumentar la energía renovable puede disminuir los ataques de asma en los niños, en un 50%

Explicación: La combustión de combustibles fósiles produce contaminantes que pueden provocar ataques de asma y otros problemas respiratorios. El aire más limpio procedente de fuentes de energía renovables reduce estos contaminantes, lo que mejora la salud respiratoria.

Referencia: Asociación Estadounidense del Pulmón: Futuro del aire limpio

Hecho 7: Las casas eficientes mejoran la calidad del aire interior

Hecho: Las casas con mejoras de eficiencia energética tienen una mejor calidad de aire interior, lo que reduce las enfermedades respiratorias en un 25 %.

Explicación: Las casas energéticamente eficientes a menudo incluyen mejores sistemas de ventilación y aislamiento, lo que ayuda a reducir los contaminantes del aire interior, como el moho, el polvo y los compuestos orgánicos volátiles (COV), lo que mejora la salud respiratoria.

Referencia: Departamento de Energía de EE. UU.: Salud y eficiencia energética en el hogar

Hecho 8: Los árboles urbanos reducen las enfermedades relacionadas con el calor

Hecho: Los árboles urbanos pueden reducir las enfermedades relacionadas con el calor al proporcionar sombra y enfriar el aire, lo que potencialmente reduce el riesgo de insolación en un 20%.

Explicación: Los árboles en las áreas urbanas brindan sombra y liberan vapor de agua, enfriando el aire circundante y reduciendo el efecto de isla de calor urbana. Esto ayuda a proteger a las poblaciones vulnerables, especialmente durante las olas de calor.

Referencia: Servicio Forestal del USDA: Bosques urbanos y salud humana

Hecho 9: La agricultura sostenible apoya la nutrición

Hecho: Las prácticas agrícolas sostenibles pueden mejorar la salud del suelo, dando lugar a cultivos más nutritivos y reduciendo el riesgo de deficiencias de nutrientes.

Explicación: Las prácticas agrícolas sostenibles, como la rotación de cultivos y la agricultura orgánica, mejoran la fertilidad del suelo y promueven la biodiversidad. Esto da como resultado alimentos más saludables y ricos en nutrientes, lo que contribuye a una mejor salud general.

Referencia: FAO: Agricultura Sostenible

Hecho 10: Reducir el desperdicio de alimentos mejora la seguridad alimentaria

Hecho: Reducir el desperdicio de alimentos a la mitad podría mejorar la seguridad alimentaria de millones de personas y reducir la tasa de desnutrición.

Explicación: Reducir el desperdicio de alimentos garantiza que lleguen más alimentos a quienes los necesitan, abordando el hambre y la desnutrición. También conserva los recursos y reduce las emisiones de gases de efecto invernadero procedentes de la producción y el desperdicio de alimentos.

Referencia: FAO: Huella de desperdicio de alimentos

Estos hechos ilustran los beneficios interconectados de la acción climática sobre la salud humana, fomentando prácticas sostenibles que mejoran el bienestar tanto ambiental como personal.

Si este paquete de libros 2- en -1 le resultó útil, le agradeceríamos que dejara una reseña favorable en Amazon.

Sobre los Autores

Dr. Ash Pachauri

Director y Mentor Principal, Movimiento POP

El Dr. Ash Pachauri tiene un doctorado en conducta de decisión y una Maestría en Gestión internacional. Habiendo trabajado con McKinsey & Company antes de seguir una carrera en el ámbito del desarrollo social, la experiencia del Dr. Pachauri en los campos de la salud pública y el desarrollo sostenible surge de una variedad de iniciativas que incluyen las de la Fundación Bill y Melinda Gates, el programa CDC-Naciones Unidas de intervención en los Estados Unidos, así como el Movimiento POP y el Foro Mundial de Desarrollo Sostenible, respectivamente. Es asesor técnico de la Organización Mundial de la Salud sobre directrices globales de Autocuidado.

El Dr. Pachauri se ha comprometido con el uso de la tecnología de la información para el desarrollo. Maestro formador en comunicaciones para el cambio de comportamiento y liderazgo estratégico; ha dirigido más de 20.000 talleres, eventos y actividades a nivel mundial para llegar a los jóvenes y las comunidades para promover la salud global y la acción climática.

Ampliamente publicado, ganador de la prestigiosa Beca de Investigación en el Extranjero, otorgada por estudios avanzados en el Reino Unido y reconocido por sus logros académicos, el Dr. Pachauri persigue intereses en la investigación y la enseñanza a través de la colaboración continua con universidades e instituciones. Publicó tres libros, contribuyó a ocho libros y fue autor de más de 35 artículos de conferencias y publicaciones. El Dr. Pachauri ha sido reconocido por las Naciones Unidas por su dedicación y liderazgo en su publicación emblemática "Retratos de compromiso". En 2021 recibió el Premio al Liderazgo Inclusivo GlobalMindED por su actuación en el ámbito de la Energía y la Sostenibilidad. Es miembro asociado de la Academia Mundial de Arte y Ciencia. El Dr. Pachauri forma parte de las juntas directivas y grupos asesores de varias organizaciones en todo el mundo, incluidala Coalición sobre el Cambio Climático y la Unión Mundial de Científicos por la Paz.

Dra. Saroj Pachauri

Directora y Mentora Clima-Salud, Movimiento POP

Como médico de salud pública, la Dra. Pachauri ha estado ampliamente comprometida con la investigación sobre planificación familiar, salud materna e infantil, salud y derechos sexuales y reproductivos, VIH y SIDA, y pobreza, género y juventud. En 1996, se incorporó como Directora-Regional para Asia Meridional y Oriental del Consejo de Población y estableció su oficina regional en Nueva Delhi, que dirigió hasta 2014. En 2011, recibió el prestigioso título de Académica Distinguida, un honor que rara vez se otorga.

Trabajó en Nueva Delhi con la Fundación Ford (1983-1994) y apoyó la supervivencia infantil, la salud de la mujer, programas de salud sexual y reproductiva, y VIH y SIDA.

Previamente trabajó con el Programa Internacional de Investigación sobre Fertilidad (IFRP), que posteriormente se llamó Family Health International

(1971-1975) y con el Programa de Investigación sobre Fertilidad de la India (1975-1983). Diseñó y supervisó ensayos clínicos multicéntricos a nivel mundial para evaluar la seguridad y eficacia de las tecnologías de control de la fertilidad. Durante 1962-1971, como profesora de los Departamentos de Medicina Preventiva y Social de la Facultad de Medicina Lady Hardinge de Nueva Delhi y del Instituto de Ciencias de la Medicina de Varanasi, ayudó a desarrollar esta nueva disciplina.

Ha publicado siete libros y contribuido con capítulos de 20 libros. Tiene más de 100 publicaciones en revistas revisadas por pares y varios artículos en medios impresos.